KNAUR

Über den Autor:
Oliver Geissen gehört zu Deutschlands bekanntesten und beliebtesten Fernsehmoderatoren. Er moderierte u. a. *Die ultimative Chartshow, Deutschland sucht den Superstar,* die 80er- und 90er-Shows sowie sechsmal den Deutschen Musikpreis ECHO. Er lebt mit seiner Frau, drei Söhnen und einer Tochter in Hamburg.

OLIVER GEISSEN

SERIENRAUSCH

VERBOTEN *gut!*

KNAUR

ANGEFIXT: WIE ES LOSGING MIT MIR UND DEN SERIEN

Versucht man, den zeitlichen Startschuss für Serien zu benennen, gehen die Meinungen weit auseinander. Für die einen waren *Denver*, *Dallas* und Co. in den 1980ern bereits die Vorreiter, für die anderen ging es erst etwas später, Anfang der 2000er-Jahre, so richtig los.

Ich zähle mich da ganz klar zum Team der 2000er. Natürlich habe ich (oft zusammen mit meinen Eltern) auch den Hype um *Dallas* und *Denver* erlebt. *Dallas* lief immer dienstags um 21:45 bis 22:30 Uhr, und *Denver* kam mittwochs 21 Uhr bis 21:45 Uhr. Die erste Folge *Dallas* flimmerte 1981 über die deutschen Bildschirme, da war ich gerade zwölf Jahre alt. Meine Eltern waren der Meinung, dass eines der beiden Formate für ’nen Zwölfjährigen vor allem zu der Uhrzeit absolut ausreicht. War ohnehin schon schwer genug, sie davon zu überzeugen, dass ich überhaupt was davon sehen konnte. Ich durfte wählen, und *Dallas* hat das Rennen gemacht, ich glaube aber, es waren nicht die Inhalte, sondern die spätere Anfangszeit gab hier den Ausschlag.

Ganz ehrlich, einmal pro Woche 45 Minuten, das ist schon ein echt hartes Methadon-Projekt. Gerade wird es spannend, die Protagonisten stehen sich vor Wut schnaubend mit geballten Fäusten Stirn an Stirn gegenüber oder liegen endlich aufeinander – oder noch schlimmer, der Maulwurf soll gerade enttarnt werden –, da schrubbt schon der Abspann ins Bild und lässt einen ziemlich schockiert zurück. Nichts mit Abspann überspringen und die nächste Folge geht los –

geschweige denn am nächsten Tag blaumachen und das Ding einfach mal bis morgens um fünf durchziehen.

Nein, in den 1980ern wurde sich eine Woche lang geduldet, bis der Vorspann endlich wieder lief und eine fünfminütige Zusammenfassung der letzten Folge zu sehen war, bevor man dann tatsächlich wieder mit Frischfleisch versorgt wurde. Schon erstaunlich, wie genügsam man da so war.

Dank des technischen Fortschritts – erst die DVDs, inzwischen die Streaming-Plattformen – hat sich ein deutlich aktiveres Serienkonsumieren bei uns breitgemacht. Netflix, Amazon Prime und Co. wachsen und wachsen und produzieren und produzieren. Zum Glück.

DER GROSSE MOMENT VON *24*

Für mich begann der ganze Serienwahn, und das meine ich höchst positiv und voller Euphorie, Anfang der 2000er. Ganz konkret war es die Serie *24* mit Hollywoodstar Kiefer Sutherland alias Jack Bauer, die mir den Einstieg in die Welt der Serien schmackhaft machte.

Jack Bauer war ein Agent der CTU, einer Antiterroreinheit in den USA. Dieser Jack Bauer konnte alles, er war Chuck Norris und Rambo in einer Person. Aber im Gegensatz zu den beiden anderen Problemlösern hatte Jack Bauer die Handynummer des amerikanischen Präsidenten. Damals noch ein Mann, wie man sich einen amerikanischen Präsidenten vorstellt, und nicht so ein Vollidiot wie Sonnenbank-Donald.

Jack und der Präsident schlossen Freundschaft und meisterten die größten Krisen. Egal ob eine Atombombenexplosion in LA oder Giftgas-Anschläge, bei *24* wurde keine Idee der Autoren für eine echte Krise ausgespart und acht Staffeln lang abgearbeitet. Herausgekommen ist eine unfassbar spannende Serie mit wirklichem Suchtfaktor. Und ich spreche nicht von Bildungsfernsehen oder einer Arte-Eigenproduktion. Hier geht es schlichtweg um seichte Unterhaltung. Die ist aber außergewöhnlich gut gemacht, und die Spannung, ja die Qualität insgesamt steigert sich von Staffel zu Staffel. Und natürlich, Achtung Spoiler, wird der Präsident in einer späteren Staffel erschossen, Jack Bauer gerät selbst unter Verdacht, wird weltweit gesucht, nimmt sich der Sache dann aber ernsthaft an und deckt eine Riesenverschwörung auf, hinter der der neue Präsident steckt. Trump lässt grüßen.

Ich bin mir sicher, dass der weltweite Erfolg von *24* auch auf die damals revolutionären handwerklichen Stilmittel zurückzuführen ist. Die Produzenten hatten sich entschlossen, ihre Serie in Echtzeit zu zeigen – was auf den ersten Blick nicht jedem Konsumenten gleich verständlich war. Doch 24 Folgen à 60 Minuten in Echtzeit hieß nicht, dass, als der Startschuss einmal gefallen war, alle 24 Folgen am Stück in einer Marathonsitzung durchgeguckt werden mussten. Es ging vielmehr darum, dass unser Held Jack Bauer 24 Stunden lang Zeit hat, in die Krise hineinzuschlittern, sie mit Kumpels und Kollegen (wenn ich erst anfange, die alle zu beschreiben … Ich bin Fan! Von euch allen!), also mit vereinten Kräften, zu bekämpfen, um dann regelmäßig, Staffel für Staffel, in der 24. Folge alles geklärt zu haben.

Ausgesprochen gutes Timing hat er, der Teufelskerl. Für mich klappt das hervorragend, mir passt das ausgesprochen gute Zeitgefühl.

Wenn Sie wie ich damals durch vorherige Serien an einen Ablauf gewöhnt waren, wo gewisse Dinge nicht passieren, weil sie vielleicht zu grausam oder einfach nicht vorstellbar sind, überschreitet *24* diese Grenzen, und zwar mit ganz großen Schritten. Da drohen Terroristen damit, in L.A. eine Atombombe zu zünden. Normalerweise kommt es, sind wir mal ehrlich, in den meisten Fällen zwar zu einer brenzligen Situation, die am Ende dann aber in letzter Sekunde spektakulär geklärt wird. Nicht bei *24*. Boom.

Um die Gleichzeitigkeit der Ereignisse abzubilden, haben die Produzenten verstärkt auf sogenannte Splitscreens gesetzt, d.h., auf dem Bildschirm sind manchmal zwei bis drei Bildschirme unterteilt zu sehen, und auf jedem ein unterschiedlicher

Handlungsstrang. Man behält so den Überblick, was alles gerade zeitgleich an den anderen Orten passiert. Und glauben Sie mir, es hat immer überall gleichzeitig gebrannt. Ich habe als Zuschauer manchmal das Gefühl, außer Atem zu kommen. Meine Frau und ich saßen häufig bis frühmorgens mit schwitzigen Händen am Bettrand und schossen die Folgen im Dauerfeuer-Modus nur so ab. Die Augen geschwollen vor Schlafdefizit gelang es uns, den folgenden Tag irgendwie rumzukriegen.

Aber es ist ja nicht so, dass wir aus unseren Fehlern nicht lernen würden. Danach wussten wir immer, wie wir uns am nächsten Tag fühlen würden – das traf uns nie wieder unvorbereitet … Schön wär's: Damit uns nicht wieder so ein Horrortag bevorstand, schworen wir uns für den kommenden Abend, nicht etwa früher Schluss zu machen, nein, die Lösung war: Wir würden einfach früher anfangen, ha.

Kiefer Sutherland wurde übrigens, nachdem er für Jack Bauer unterschrieben hatte, das nahe Ende seiner schauspielerischen Karriere prognostiziert. Kollegen belächelten ihn, und der Legende nach sollen ihm alle, ausnahmslos alle, von der Rolle abgeraten haben. Er würde danach nicht einen Meter mehr in Hollywood drehen, weil er dann halt eine Art »Serienstempel« hätte.

Für Kiefer Sutherland war es jedenfalls nicht nur wirtschaftlich der Coup seines Lebens. Bei *24* die Hauptrolle zu übernehmen, später sogar als Producer, war eine Entscheidung, die er bestimmt unterm Strich nicht bereut hat.

Und heute? Heute reißen sich die Hollywood-Größen darum, eine Rolle in einer renommierten Serie zu ergattern. Serien sind sowohl wirtschaftlich als auch in der öffentlichen Wahrnehmung das neue Hollywood. Meine Lieblings-Serienstars haben mindestens so viele Follower wie die Mega-

Hollywood-Größen aus Film-Klassiker-Zeiten. Zeitenwende. Nur der Ort Hollywood, der ist geblieben.

Im September 2003, also fast zwei Jahre nach dem Start in den USA, fing Jack an, auch bei uns in Deutschland die Welt zu retten, ganz konkret bei RTL 2. Ich war gerade im vierten Jahr bei RTL und hatte regelmäßige Treffen mit meinem damaligen Chef Gerhard Zeiler. Richtig guter Typ, souverän, cooler Humor, und er kannte alle Quoten vom Vortag inklusive aller Marktanteile bis auf die Stelle nach dem Komma auswendig – unglaublich.

Ich saß also mit Zeiler zusammen, und nachdem wir unsere Dinge geklärt hatten, stellte er mir noch *24* vor, eine neue Serie, von der er mir vorschwärmte. Die hatten sie gerade frisch in den USA eingekauft. Damals entschied Zeiler, wo was bei welchem Sender aus der RTL-Familie (RTL, RTL 2, Vox etc.) laufen sollte. Er hatte die Idee, *24* ähnlich wie den »Dschungel« – ihr wisst, ich meine *Ich bin ein Star, holt mich hier raus* – beim Hauptsender RTL einzuslotten, das heißt, täglich ins Programm zu holen! Was für eine geile Idee! Zwölf Tage lang immer als Doppelfolge – ich muss gestehen, ich kann nicht mit Gewissheit sagen, ihn in seiner Idee bestärkt zu haben … Ich weiß einfach nicht mehr, was ich damals von dieser Idee gehalten habe.

Dem Muttersender RTL ging es 2003 bombe, es gab kaum Schwachstellen im Programm. Vielleicht war das auch einer der Gründe, warum sich Zeiler gegen diese Taktung entschied und er Jack Bauer stattdessen am späten Montagabend bei RTL 2 einmal in der Woche von der Leine ließ. Die Quoten waren überschaubar. Das ist für mich als Fan heute kaum zu glauben, warum da nicht mehr Zuschauer angefixt waren.

Wie die ganze Sache im täglichen Programm von RTL gelaufen wäre, ist natürlich reine Spekulation.

24 war aber auf alle Fälle für viele neuartige Serien der Türöffner. Der ganz große Erfolg in Deutschland im Live-TV blieb zwar aus, aber weltweit war es ein Durchbruch, und letztendlich ist das die harte Währung. Die Macher haben gezeigt, wie eine zeitgemäße Serie auszusehen hat, die mit Suchtfaktor daherkommt, und der Markt orientierte sich von da an neu.

GEHT ES AUCH ETWAS FAMILIENTAUGLICHER?

Die etwas handfesteren Serien à la *24*, *Game of Thrones* oder später auch *Vikings* haben im Laufe der Jahre ihr festes Stammpublikum gefunden. Serien wie diese sollten aber nicht zwingend als Unterhaltungsprogramm für den sonntäglichen Familienabend gewählt werden. Würde man aus Jugendschutzgründen an den kniffeligen Stellen vorspulen, würde sich die Sendezeit dramatisch verkürzen. Dann würde das ganze Spektakel am Ende wahrscheinlich auch gar keinen Sinn mehr ergeben. Interessant wäre es, hätte man noch eine zweite »alterspolitisch korrekte« Fassung, bei der sich nicht immer ein Erwachsener schützend vor den Bildschirm werfen muss, wann immer jemand stirbt, gefoltert oder verstümmelt wird – oder sich in epischer Breite fortpflanzt. Gut, geht so in Richtung Playstation V und hätte bestimmt auch seinen Unterhaltungswert, ist aber, glaube ich, nicht die Grundidee einer modernen Action-getriebenen Serie.

Sollten Sie aber auf der Suche nach einer familientauglichen Serie sein, habe ich eine glatte Eins plus für Sie: *Modern Family*. Diese Serie ist übrigens ein Tipp von Barack Obama. Er hat sich 2009 in einem Interview als Fan geoutet und beschrieben, wie er mit seiner Familie diese Serie tatsächlich Minute für Minute buchstäblich inhaliert hat.

Modern Family begleitet – wie der Name schon verrät – drei moderne, zeitgemäße Familien mit einem überragenden Ed O'Neill in seiner Rolle als Familienoberhaupt Jay Pritchett.

Nein, ich sage es besser, wie es ist, er ist ein Patriarch. Wer geglaubt hat, Ed O'Neill hätte die Rolle seines Lebens als Al Bundy bereits abgedreht, wird nach weniger als der ersten Folge der elf Staffeln *Modern Family* seine Meinung revidieren. O'Neill ist einfach ein Brett.

Ed O'Neill als Jay Pritchett ist verheiratet mit der viel, viel jüngeren Gloria. Gloria, Kolumbianerin, megasexy (ist jugendfrei, weitgehend, echt!), nimmt die Sachen gerne selbst in die Hand und bringt ihren kleinen Sohn Mani mit in die Ehe, der sehr speziell ist und für sein Leben gern Espresso trinkt. Tochter Claire ist mit Phil verheiratet und hat drei Kinder: Alex, ein Mädchen, und megaschlau. Luke, der oft für dumm gehalten wird. Und Haley, die sehr hübsch, aber nicht die hellste Kerze auf der Torte ist.

Sohn Mitchell adoptiert mit seinem Lebensgefährten ein vietnamesisches Mädchen namens Lily. Können Sie noch folgen? Das muss man eben gesehen haben, aber sonst hilft Wikipedia hier auch mit einem veritablen Stammbaum weiter. Faktenchecker vor.

Mal abgesehen von den großartigen schauspielerischen Leistungen von jedem Einzelnen dieses Casts, lebt die Serie von den Geniestreichen der Autoren. Ich glaube, es ist inzwischen eine überschaubare Aufgabe für einen in der Richtung geübten Autor, Gags am Fließband zu schreiben, ohne auch nur einmal ins Schwitzen zu geraten, weil es gerade nicht so flutscht. Die Autoren von *Modern Family* spielten allerdings in einer ganz anderen Liga, der Champions League dieses Berufszweigs. Neben den klassischen Brüllern und Schenkelklopfern liefern sie hier ganz viel Gefühl, und zwar ein warmes, wohliges Gefühl. Der Humor kommt mit einem Augenzwinkern, dass man sich selbst breit grinsend wiederfindet und dem man sich einfach nicht entziehen kann.

Spätestens nach der ersten Staffel wird man ganz automatisch ein Teil dieses bunten Haufens, weil die Charaktere mit ganz viel Empathie, behutsam und natürlich auch superprofessionell herausgearbeitet und erzählt sind. Da wäre man gerne persönlich dabei, und das nicht nur an Weihnachten.

Modern Family lebt auch von der besonderen Erzählsituation, die den Autoren ermöglicht, noch mal eine zweite Ebene einzuziehen. Das sind immer wieder eingeschobene Interviews mit den Protagonisten. Und die will man unbedingt. Denn sie erzählen dem Zuschauer, zusammen oder auch allein, was sie denken, was sie fühlen oder manchmal schlichtweg die Geschichte, wie sie sich in Wirklichkeit abgespielt hat, denn da gibt es oft einen riesigen Spagat. Das, was gezeigt wird, ist eben nicht unbedingt das, was passiert ist. Macht aber doppelt Freude. Würde ich gerne auch haben, so im realen Leben: die Möglichkeit, eine parallele Version der Ereignisse inszenieren zu können. Und mit dieser Sehnsucht spielen die hier, was natürlich, das Wort kommt ja drin vor, Sucht erzeugt auf mehr davon.

Das schwule Paar Mitch und Cam sind die Könige dieser Interviews. Beide sitzen frontal zur Kamera. Der eine erzählt die Geschichte aus seiner Sicht, der andere kommentiert sie mal eher subtil über die Mimik oder auch mit herrlich übertriebenen Gefühlsausbrüchen.

Der Schauspieler Eric Stonestreet spielt den etwas dicklichen Ehemann von Mitch, Jesse Tyler Fergusen. Eric Stonestreet ist im wahren Leben heterosexuell und hat einmal verraten, dass er beim Dreh immer an seine Tante denkt und die eigentlich nur nachmacht, um die weibliche Note in seine Rolle zu bekommen.

Ob es wirklich an dieser kleinen Hilfestellung liegt, kann ich nicht sagen, auf alle Fälle ist das Ergebnis verantwortlich für unzählige explosionsartige Lachanfälle mit Tränen in den Augen und dem hilflos-blinden Griff nach der Pausetaste, um mal Luft zu holen.

Wen die *Modern Family* einmal im Griff hat, wer mit den Charakteren mitfühlt, für den gibt es kein Zurück mehr. Alle meine vier Kinder lieben diese Serie, die sie sogar – sehr zu meinem Leidwesen oft (Lehrer bitte weiterblättern) – neben den Schularbeiten haben laufen lassen.

Nach elf Staffeln mit dieser herrlich unkonventionellen Großfamilie verabschieden sich Jay Pritchett und seine Bande und hinterlassen ein Vakuum – so war es zumindest bei mir.

COMPLETELY LOST?

Ich gebe zu, das Angebot an Serien ist inzwischen riesig und macht einem die Auswahl nicht leicht. Freunde von mir haben schon Abende damit verbracht, sich durch die Trailer bei Netflix zu wühlen, um dann irgendwann völlig erschlagen von einem Tsunami der Reizüberflutung abzuschalten, weil sie nicht imstande waren, sich auf eine Serie für den Abend zu einigen.

Okay, auch im wahren Leben haben wir Menschen häufig Defizite bei der Entscheidungsfindung, was im Fall von meinem Freund Stephan z. B. dazu führt, immer fünf Jacken auf einmal zu kaufen, um eine Woche später vier davon wieder zurückzubringen. Klar, eine Entscheidung ganz konkret im Laden für eine Jacke ist aufgrund der auf acht Stunden begrenzten Öffnungszeit ausgeschlossen.

Ich persönlich genieße dieses Überangebot an gedrehtem Material und kann mich auch wirklich schnell für eine Sache begeistern und erkenne auf den ersten, na ja, auf den zweiten Blick, ob ich die nächsten Abende mit diesem Thema und diesen Schauspielern verbringen möchte oder halt nicht.

Im Laufe der Jahre weiß man doch, was man mag. Kurz gesagt: Der Serien-Algorithmus läuft bei mir zum Glück.

Alles, was mit Science-Fiction zu tun hat, ist für mich zum Beispiel ein echter Abschaltfaktor. Ich weiß nicht, woran es liegt, sobald etwas Übernatürliches passiert, bin ich raus.

Erinnern Sie sich an die Serie *Lost?* Eigentlich 'ne Hammer-Produktion, die auch über diverse Staffeln gelaufen und megaerfolgreich war. Ein Flugzeug stürzt ab, Passagiere überleben und retten sich auf eine einsame Insel mitten im Ozean. Tolle Bilder, die Überlebenden entwickeln untereinander eine Hackordnung, schmieden Pläne, um zu überleben, und über allem schwebt die Information der Serienmacher, dass die Insel ein großes Geheimnis verbirgt.

Finde ich schon mal super so weit, hat doch echt Potenzial.

Leider kam dann die Szene, vielleicht erinnern Sie sich, wo einer der Hauptdarsteller am Strand steht und auf einmal ein tolles Pferd sieht. Das Pferd ist natürlich nicht wirklich da, er hat halt so 'ne Art Vision …

Das war der Startschuss für den Teil von *Lost,* wo sie mich verloren haben. Denn das ist genau die Art Genre-Kram, bei dem ich mich leider komplett verweigere, blöd, oder?

Alle schwärmen von *Lost,* es gibt ohne Ende Auszeichnungen für die Serie, und ich schalte ab, weil der eine 'n Pferd sieht, das in Wirklichkeit gar nicht da ist.

Lost habe ich genauso abgebrochen wie all die anderen Serien, wo es ein wenig übernatürlich zugeht. Echt schade, weil mir, so glaube ich, viel gutes Material entgeht, aber ich werde damit einfach nicht warm.

DIE ENTDECKUNG TÖDLICHER LANGSAMKEIT

Was mir nicht gefällt, habe ich relativ schnell rausgefunden. Und auch was mir gefällt, das habe ich zumindest in einer Richtung schnell für mich entdeckt. Die Experten nennen es »Nordic Noir«. So eine Serie spielt immer irgendwo in Skandinavien, das Ganze ist garantiert ziemlich düster – schon auf den ersten Blick –, und oft gibt es gleich einen Haufen Ritualmorde. Achtung: garantiert nichts für Kinder.

Nordic Noir ist unverkennbar: Bei sämtlichen Dialogen und Kamerafahrten lassen sich die Macher richtig viel Zeit, alles ist entschleunigt, und dem Zuschauer wird viel Zeit zum Nachdenken gegeben. Ich würde eine Nordic-Noir-Serie sogar mit geschlossenen Augen erkennen, weil auch die Musik so gewählt wird, dass sie immer sofort diesem Genre zuzuordnen ist. Ich will nichts sagen, aber alle gefühlt zwanzig Minuten haut einer mit einem Löffel gegen ein Glas. Das ist schon sehr, seeeehr ruhige, teils mystische Musik.

Meine erste Serie aus diesem »Regal« war *Kommissarin Lund*. Damit ging es 2008 los, insgesamt drei Staffeln lang, die erste mit einer Laufzeit von ca. tausend Minuten. Ja, das waren zehn Folgen und nur ein einziger Fall. Ich weiß, tausend Minuten und nur ein Fall, das klingt erst mal echt schnarchig, habe ich auch gedacht, und ich habe um die *Lund* einen Bogen gemacht. Zumal es im ersten Fall um den grausamen Tod eines kleinen Mädchens in Kopenhagen ging, da war die Sache sowieso klar: *Lund* muss ohne mich klarkommen. Wenn Kinder zu Schaden kommen, bin ich raus.

Nach und nach überschlugen sich die Kritiker aber und feierten nicht nur die Hauptdarstellerin Sofie Grabol, sondern auch die Art und Weise, wie diese neue Serie sich präsentierte. Hab ich die Staffel also quasi auf Vorrat mal als DVD mitgenommen.

Irgendwann war ich so weit und musste jetzt nur noch meine Frau überzeugen, die der Geschichte mit den Kindern dann doch etwas konsequenter, vielleicht sogar militanter gegenübersteht. Das größte Problem war eigentlich, irgendwie an der Stelle vorbeizukommen, wo die Polizei an der Tür klingelt und den Eltern die schreckliche Nachricht überbringt, dass ihre 19-jährige Tochter Nanna einem Gewaltverbrechen zum Opfer gefallen und tot ist.

Eine Szene, wo meine Frau mit einer hundertprozentigen Verlässlichkeit sagt: »Ne komm, mach aus. Das gucke ich mir nicht an.«

Kannste noch so oft sagen, ist doch nur ’n Film – aber das Ding war durch. Also musste Schweinchen Schlau sich was einfallen lassen, um irgendwie unfallfrei an diesem neuralgischen Punkt vorbeizukommen, denn inzwischen war klar: Ich muss die *Lund* sehen!

Klar hätte ich auch allein gucken können, aber zu zweit macht es einfach mehr Spaß, und man kann seine Mordtheorien auch gleich schon mal loswerden.

Die Lösung war relativ unspektakulär. Gut vorbereitet, wie ich war, wusste ich genau, wann die Polizei in der Serienfolge an der Tür klingelte. Das tat sie dann auch, und zwar genau in dem Augenblick, als ich vorgab, noch einmal schnell im Videotext nachgucken zu müssen, wie das Champions-League-Spiel der Bayern ausgegangen war. Also DVD gestoppt, Videotext an – und beim erneuten Starten der DVD bin ich einfach einmal auf skip forward gekommen. Klar, da war ich der Honk, der die Stelle, wo wir waren, irgendwie verbaselt hat, aber das ist absolut okay, war ja aus rein pädagogischen Gründen, fast ohne Eigennutz – und so kam ich schließlich doch zu meiner *Kommissarin Lund.* Und sind wir ehrlich, die Tatsache, dass Nanna tot war, hatte sich dann doch auch schon ein wenig vorher abgezeichnet.

DIE NÄCHSTE BRÜCKE NACH NORDEN

K*ommissarin Lund* war super – alle drei Staffeln haben wir genossen und waren mit dem Nordic-Noir-Virus infiziert. Am Ende breitete sich wieder die bekannte Leere im Innern aus, die nicht nur den bekennenden Serienjunkie erfasst, sobald die letzte Staffel abrupt endet. Zum Glück liefert Nordic-Noir Suchtstoff am laufenden Meter. Wir stolperten als Nächstes über *Die Brücke* (Sorry, Kalauer musste sein), die wahrscheinlich beste und packendste Serie des Genres.

Namensgeber ist die Öresundbrücke zwischen Schweden und Dänemark, wo während eines Stromausfalls die nächtliche Dunkelheit genutzt wird, eine Frauenleiche abzulegen, exakt auf der Grenze zwischen beiden Ländern. Diese Tatsache allein wirft schon Fragen bezüglich der Zuständigkeit auf: Wer soll den Fall bearbeiten?

Richtig tricky wird's dann aber erst, als sie die Leiche abtransportieren wollen – und schwupp haben sie zwei Teile in den Händen. Die Tote ist nämlich zwei Tote. Geiles Deutsch, oder!?

Die obere Hälfte der Leiche gehört zu einer schwedischen Politikerin und der untere Teil zu einer dänischen Prostituierten – ich weiß, was Sie denken: Diese Aufteilung macht Sinn. Die verantwortlichen Ermittler stehen natürlich vor einem Rätsel, und gemeinsam kommen sie schließlich auf die Idee, dass jedes der beiden Länder zur Aufklärung des Falles einen Beamten abstellt.

Stellen Sie sich bitte vor, die beiden toten Frauen hätten jeweils noch 'ne doppelte Staatsbürgerschaft gehabt. Schottisch-schwedische Politikerin und französisch-dänische Prostituierte … Großartig. Mich begeistert so was. Hätte was von einer inoffiziellen Europameisterschaft im Mördersuchen! Vier Länder arbeiten an einem Fall, und alle haben nur ein Ziel – den Titel.

Gut, zurück zum Thema: Die Dänen schicken Martin Rohde und die Schweden Saga Norén. Während man Martin Rohde durchaus zwar als sympathischen, aber dann doch wohl eher »handelsüblichen« Kommissar beschreiben könnte, bricht die Schwedin Saga alle Konventionen. Sie ist »Die Brücke« in Person, sie ist GROSSARTIG, unbeschreiblich und wahrscheinlich hauptverantwortlich für den Megaerfolg der Serie.

Saga hat das Asperger–Syndrom, was ihr ein geregeltes Sozialleben fast unmöglich macht, aber dafür im Berufsleben ungeahnte Türen öffnet. Sie erkennt Zusammenhänge wie keine Zweite und fügt die einzelnen Puzzleteile schnell und präzise zusammen. Die Syndrom-bedingt fehlende Empathie und der totale Verlust von Mitgefühl machen ihr das Leben schwer, doch gerade das ist für den Zuschauer (nicht nur, aber auch für mich …) alles andere als ununterhaltsam. So wird eine Todesnachricht von ihr denn doch ziemlich nüchtern und direkt überbracht: »Mein Name ist Saga Norén, Kripo Malmö, Ihr Mann ist tot … (Pause …), und warum heulen Sie jetzt?«

Es sind diese Momente, in denen man sich anguckt und denkt: Das hat sie jetzt nicht wirklich gefragt?

Äußerst direkt, ohne Rücksicht auf Gefühle – sie kann es halt nicht anders.

Im Laufe der Serienzeit versucht Saga, ihre Krankheit zu verstehen und auch Gefühle zu lernen, was ihr nur bedingt gelingt. Ihrem Freund zum Beispiel versucht sie, Gefühl entgegenzubringen, indem sie ihn aus heiterem Himmel fragt: »Wollen wir ficken?« Der reagiert, wen wundert es, ein wenig überrascht, was Saga sofort zum Grübeln bringt: »Ich dachte, du magst ficken?«

Das Arbeiten und das Zusammenleben mit Saga ist bestimmt nicht ganz einfach, aber ihre Mitmenschen stellen sich gut darauf ein (und wir am Bildschirm erst recht), und gemeinsam mit ihrem Kollegen Martin Rohde, gespielt von Kim Bodnia, sind sie einem Serienkiller dicht auf den Fersen, der auf soziale Missstände hinweisen möchte.

Kleine Anmerkung noch für Autoliebhaber (wie mich): Saga fährt einen olivgrünen Porsche 911 Baujahr 77. Dieses Modell war übrigens nach Erscheinen der Serie vom Markt weggefegt und nur noch in Ausnahmefällen und dann völlig überteuert zu bekommen.

Die Schauspielerin Sofia Helin hat mit der Rolle der Saga Norén ein Riesenausrufezeichen hinter ihren Namen gesetzt und wird es wohl in Zukunft schwer haben, nicht ständig mit ihrer Rolle verwechselt zu werden. Nach vier Staffeln war leider Schluss, aber Saga hat nicht nur bei mir einen bleibenden Eindruck hinterlassen.

SEX UND MEIN NEW YORK

Die Erlebnisse einer in New York lebenden Sexkolumnistin sowie die ihrer drei besten Freundinnen sind nicht das, was mein Herz und vor allem mein Serienradar beim ersten Kontakt verrücktspielen lässt. Klingt doch recht frauenlastig das Ganze. Wenig Action und ganz ehrlich, man muss sich doch nur mal vorstellen, abends beim Sport mit den Jungs einfach rauszuhauen: »Männer, habt ihr gestern *Sex and the City* gesehen? War der HAM-MER! Ehrlich, Carrie hat sooooo geile Manolos angehabt.« Hm, irgendwie schwierig.

Ich liebe die Stadt New York. War unzählige Male da, und klar hab ich auch die Touri-Ecken abgeklappert, war auf dem Empire State Building, lag am Strand von Coney Island, habe mir Ausstellungen in SoHo angeschaut und mit meinen Söhnen im Central Park Baseball gespielt. Ich kann es nicht beschreiben, was es ist und was mich so fasziniert – die Stadt ist supervoll, superteuer, und eine Reservierung in einem angesagten Restaurant kommt einer Papstaudienz gleich. Trotzdem ist es meine Stadt, ich habe hier wirklich viel Zeit verbracht, bin den Marathon durch alle fünf Stadtteile New Yorks gelaufen und habe dort schließlich auch geheiratet.

Als mir also erklärt wurde, dass die Produktion gar nicht *Sex* IN *the City* heißt, sondern viel mehr *Sex* AND *the City* und die Stadt New York darin eine wichtige und große Rolle einnimmt, hatte die Serie meine Aufmerksamkeit.

Zugegeben, ich hab mich dann doch eher vorsichtig rangetastet, hier und da mal gefragt, was da denn so passiert, und siehe da: Nicht nur Frauen schauen Carrie Bradshaw und ihre wöchentlichen Anmerkungen zu *Sex and the City*.

Für alle Männer, die aus den unterschiedlichsten Gründen 'nen Bogen um die Serie gemacht haben, muss ich daher einfach klarstellen: Diese Serie ist mehr als okay. Sie ist auch mehr als ein Zugeständnis an die Freundin oder Ehefrau, um danach endlich *The Walking Dead* ins Spiel bringen zu können.

Carrie, die Hauptperson der Serie, gespielt von Sarah Jessica Parker, schreibt, wie der Titel ja sagt, über Sex und New York. Sie trifft sich regelmäßig, vorzugsweise im Lieblingscafé, mit ihren drei besten Freundinnen. Da wäre zum einen Miranda, sie ist Anwältin, sehr konservativ, hat kein großes Interesse an der Männerwelt. Das genaue Gegenteil ist die PR-Frau Samantha. Sie kann und will sich eine Welt ohne Männer nicht vorstellen. Sie hat da einen irren Verschleiß und spricht auch gerne laut im Café über ihre Bettgeschichten, die man wirklich nicht immer gerne hören möchte. Last but not least gibt's da noch Charlotte. Sie ist Galeristin und aus der Abteilung Kind, Köter, Kombi. Sehr aufgeräumt, will sie so schnell wie möglich heiraten, hört aber bei Samanthas Bettgeschichten von allen am aufmerksamsten zu.

Alle vier haben eines gemeinsam: Sie tratschen total gerne, vornehmlich über Dates und Affären, noch dazu in allen Einzelheiten.

Ich glaube, die Direktheit, mit der die vier Damen die Probleme besprechen, ist für die damalige Zeit (1998–2004) doch schon sehr innovativ gewesen. Egal ob der zu kleine Pimmel von Samanthas Freund oder der zu faltige Hintern eines ihrer nächsten Freunde (wen wundert's, der Bursche ist jenseits der 80), es wird alles nicht nur angedeutet, sondern auch ausgesprochen. Bei 'nem Caffè Latte und Gebäck wird locker über Geschlechtskrankheiten diskutiert, während Samantha ständig auf ihrem Stuhl hin und her rutscht. Glaubt man der Damenwelt, so ist eine der Episoden verantwortlich für einen Frisurentrend unterhalb der Gürtelinie … aber das sind unbestätigte Vermutungen.

Wenn man wie ich ein Riesenfan der Stadt New York ist, achtet man ständig auf die kleinen Details. So hat Carrie zum Beispiel einen besten Freund, der sich nicht sicher ist, ob er sich das knallrote, sündhaft teure Hemd von Prada nun kaufen soll oder nicht. Die beiden besuchen also den sogenannten Flagship-Store von Prada in New York, SoHo Broadway 575, und diskutieren das Für und Wider.

Ich habe den Store irgendwann bei einem Bummel durch SoHo wiedererkannt. Ist echt ein ziemlicher Hammer, alles sehr weitläufig und eine unfassbar große Verkaufsfläche. Wir also rein, gab erst mal ernste Blicke, weil mein Sohn eine Halfpipe runtergerutscht ist, die aber wohl nur zum Angucken gebaut war.

Natürlich konnte ich es mir nicht verkneifen, nach einem knallroten Hemd zu fragen. Die Verkäuferin lächelte und erklärte mir, dass die Folge von *Sex and the City,* die ich ja offensichtlich gesehen habe, bereits vor Jahren produziert worden sei und dass Prada schließlich jedes Jahr mit 'ner neuen Kollektion um die Ecke komme, und die wird ja wohl auch regelmäßig schickilacki in Paris präsentiert.

Da stehste mit deinen Flip-Flops da und versuchst, irgendwie so zu tun, als hätte die Serie ja nun gar nichts mit deiner Frage nach einem roten Prada-Hemd zu tun – und siehst im Hintergrund, wie dein Sohn mit einer Schaufensterpuppe Gitarre spielt.

Ich fand übrigens, dass es ein ausgesprochen guter Zeitpunkt war zu gehen.

Einen wirklichen großen Part in der Serie, und der zieht sich wie ein roter Faden durch alle sechs Staffeln, nimmt Carries Schuhtick ein: Sie steht auf Schuhe der Marke Manolo Blahnik, die sie kurz und knapp »meine Manolos« nennt. Dabei handelt es sich um Pumps oder auch Riemchensandalen, sehr damenhaft und fein. Und der größte Unterschied zu anderen vergleichbaren Schuhen ist daran aus Sicht der Frauen: alles. Aus der Sicht von Männern ist es, Sie ahnen es wahrscheinlich: der Preis.

Zugegeben, sie sehen schön aus, und glaubt man den Damen, so sind sie trotz ihrer kleinen, schmalen Absätze und der dünnen Riemchen unwahrscheinlich bequem. Kann ich mir zwar überhaupt nicht vorstellen, aber ein spontanes Angebot einer Verkäuferin, mir solche Schlappen doch ruhig auch mal überzustülpen, um den Tragekomfort besser beurteilen zu können, lehnte ich mit Rücksichtnahme auf meine Kinder ab. Da ich weiß, dass meine Kinder diese Chance nicht ausgelassen hätten, das Spektakel für die Nachwelt fototechnisch zu dokumentieren, war es natürlich, ich gebe es zu, eine Art Selbstschutz.

Gehen wir mal davon aus, ich würde den Frauen und auch der Verkäuferin mein Vertrauen schenken – was den einzigartigen Tragekomfort und das atemberaubende Design der Manolos angeht, sollte Mann beim Blick unter die Sohle nicht reflexartig denken, dass es sich bei diesen vielen Ziffern zweifelsfrei um die Artikelnummer handeln muss und nicht etwa um den Preis.

Für Carrie sind ihre Manolos eine direkte Verbindung zum Himmel – was preistechnisch auch ungefähr hinkommt. Sie spricht ständig über sie, und jedes neue Paar bekommt einen eigenen Gedenktag. Bessere Werbung als die Serie *Sex and the City* hätte sich Manolo Blahnik nicht wünschen können.

Nicht nur die kleinen Affären und One-Night-Stands sind in der Serie ein großes Thema, nein, auch die echte, die große Liebe wartet auf die vier Damen. Im Falle von Carrie ist es Mr Big. Er ist ein erfolgreicher New Yorker Geschäftsmann, den sie schlicht und einfach so nennt: Big.

Die beiden sind recht unterschiedlich – er, der erfolgreiche pragmatische Geschäftsmann, sie, eine leicht durchgeknallte Journalistin –, verstehen sich im Großen und Ganzen gut, kommen aber nie so richtig zusammmen. Trotzdem ist Mr. Big fester Bestandteil der Serie, wird häufig von den Damen thematisiert und taucht auch nach längeren Pausen immer wieder in Carries Leben auf. Übrigens: Da die vier Damen ja nun wirklich vorzugshalber über Sex und alles rund um das Thema quatschen, ist ihr Gedankenweg absolut nachvollziehbar. Der Kosename »Big« hat aber nichts, wirklich rein gar nichts mit der körperlichen Beschaffenheit von Carries Freund zu tun. Klar, das haben die Damen so geurteilt.

Wo wir aber gerade beim Thema sind: Die Schauspielerin Kim Cattrell gewann 2003 den Golden Globe für ihre Darstellung der Samantha Jones. Als ihr der Award auf der Bühne überreicht wurde, schlug während der Dankesrede die Samantha in Kim Cattrell durch, und sie sagte: »Haben Sie eine Ahnung, mit wie vielen Männern ich schlafen musste, um diesen Award zu bekommen?«

Riesengelächter, weil jeder natürlich Samantha auf der Bühne stehen sah. In der heutigen Zeit wäre diese Art von Humor wohl nach Me-too-Debatte und Weinstein-Skandal fehl am Platze.

Chris Noth, der Mr. Big spielt, sollte einige Jahre später eine weitere feste Größe in einem anderen Serien-Cast werden, dazu später mehr.

DEXTER IM GEPÄCK

Dank der modernen Technik kann man sich heute ja, egal, an welchem Ort der Welt man ist, einfach übers Netz Zugang zu seinen Serien verschaffen. Das macht vieles leichter, vor allem wenn Sie wie ich auch bei 35 Grad im Schatten durchaus der Meinung sind, zumindest noch eine Folge der aktuellen Serie gucken zu müssen. Klar bietet so ein Aufenthalt im Süden durchaus genügend Potenzial, die Abende mal anders zu gestalten, aber das eine hat ja nicht zwingend was mit dem anderen zu tun.

Strand, Abendessen, Bar – all das findet ja trotzdem statt, nur wird dann halt abends, nachdem alles getan ist und die Kinder schlafen, noch 'ne Runde die Kiste angeworfen. Vor einigen Jahren war es tatsächlich noch 'ne »Kiste«. Bevor Netflix, Amazon prime etc. mit moderner Technik den Serienwahn revolutionierten, musste der gute alte DVD-Player abends noch mal ran. Wir hatten immer einen Reise-DVD-Player mit Scart/HDMI-Kabel, 3er-Steckdose, Verlängerungskabel und diversen Adaptern im Gepäck, um eine Versorgung auch unter den widrigsten Bedingungen sicherzustellen.

Eine Serie, die wir häufig im Gepäck hatten, war *Dexter*.

Dexter ist nichts für schwache Nerven, was auch durch den kleinen roten FSK-18-Aufkleber links unten auf dem Cover untermauert wird. Der gleichnamige Held der Serie, Dexter Morgan, ist Forensiker des Miami-Metro Police Department, genauer gesagt, ist er dort ein Blutspurenanalyst.

Klingt spannend und ist es auch. Wenn es irgendwo gilt, einen Mord – vorzugsweise einen mit viel Blut – aufzuklären, ist Dexter Morgan einer der Ersten am Tatort. Aus welcher Richtung oder mit wie viel Schwung die Axt den Schädel traf, kann Dexter an der Anordnung und der Lage der Blut- und Gehirnspritzer ziemlich genau ermitteln. Diese Angaben helfen den Kommissaren dann, dem Täter ein Stück näherzukommen. So weit, so gut.

Jetzt nehme ich Sie mit in unser Schlafzimmer, wo ich zusammen mit meiner Frau Dexter Morgan via TV bei der Arbeit zuschaue.

Folgende Situation: Ein Mann liegt rücklings auf einem OP-Tisch, an Händen und Füßen mit schwarzem Kabelbinder so gefesselt, dass alle vier Gliedmaßen einen möglichst großen Abstand zueinander haben. Ein breites, weißes Klebeband über seinem Mund sorgt dafür, dass er seinem Unmut über die verzwickte Situation, in der er zweifelsohne steckt, nicht spontan lautstark zum Ausdruck bringen kann, sobald er erwacht.

Der Mann ist etwa Mitte 30, hat kurze braune Haare, ist komplett nackt, absolut regungslos und hat die Augen geschlossen. Der gesamte Raum, in dem sich der OP-Tisch mit dem Mann befindet, ist mit Folie fachmännisch und akribisch ausgelegt worden. Unmittelbar in der Nähe des Tisches hängen zusätzlich große Bahnen der Folie von der Decke bis zum Fußboden. Fazit: Auch bei einer richtig großen Sauerei rund um den bemannten OP-Tisch wäre eine schnelle Spurenbeseitigung gewährleistet – und darum geht es dem modernen Krimi- und True-Crime-geschulten Zuschauer wie dem Täter schließlich.

Eine einzige Glühbirne an einem langen Kabel direkt über dem Kopf des Mannes ist die einzige Lichtquelle.

Dexter Morgan betritt den Raum. Ein Gefühl des Entsetzens macht sich bei mir breit, gepaart mit einer starken

Vorfreude auf das, was in wenigen Augenblicken folgen musste: ein Blutbad, ein Gemetzel ausgeführt durch den Helden unserer Serie, Dexter Morgan. Ja, Sie lesen richtig, der gute Dexter hilft nicht nur Morde aufzuklären, nein, er sichert selbst den eigenen Arbeitsplatz, indem er ständig für neue Aufträge sorgt. Im Klartext: Dexter killt Menschen, und zwar mit ungeahnter Qualität in nie gekannter Quantität.

Damit mir nichts entgeht, setze ich mich aufrecht hin in meinem Bett, schnappe mir zwei Kissen und stecke sie zwischen Rücken und Wand. So ist es schon besser.

Meine Frau sitzt bereits am Fußende des Bettes, um dichter am Geschehen zu sein, und stellt vorsichtshalber das Glas Rotwein ab, um vor lauter Aufregung unser Schlafzimmer nicht zumindest farblich dem Arbeitsplatz von Dexter anzupassen. Rotweinflecken sind echt übel. Fall für den Tatortreiniger – andere Serie.

Dexter steht jetzt im Raum. Er blickt entschlossen, wirkt aber sowohl innerlich als auch äußerlich ausgesprochen ruhig. Er ist halt so eine Situation gewohnt. Mit behandschuhten Händen schiebt er zwei Bahnen der Folie zur Seite und geht mit seinem Gesicht ganz dicht an sein Opfer heran, als wolle er ihn riechen können. Dann richtet er sich wieder auf, nimmt eine bereits vorbereitete Injektionsspritze von seinem Instrumententisch, der direkt neben dem Opfer steht. Als er die Nadel in den linken Oberarm seines Opfers schiebt, verzichtet er auf das vorherige Desinfizieren der Einstichstelle, da diesem Körper sowieso keine Zeit mehr für eine Infektion bleiben wird.

Die Injektion holt den Mann aus seiner Narkose, schließlich soll er von dem nun folgenden Spektakel, seinem eigenen Tod, möglichst viel mitbekommen.

Dexters Blick wandert jetzt über seinen Instrumententisch, als wäre er ein kleines Kind im Süßwarenladen, er scheint sich nicht entscheiden zu können – zu groß ist die Auswahl, zu viele schöne Dinge gibt es da, die ihm Freude bereiten und seinem Opfer entsetzliche Schmerzen.

Auch ich stelle jetzt mein Rotweinglas hin. Sicher ist sicher.

Die Entscheidung ist gefallen, Dexters Hand reckt sich nach einer großen Handbohrmaschine, er nimmt sie mit rechts hoch, um sie mit der Linken zu halten. Prüfend sieht er sie an, als wolle er ihr gratulieren, ausgewählt worden zu sein. Er öffnet das Bohrfutter und führt einen passenden Metallbohrer ein, um ihn dann wieder fest mit einer Drehbewegung zu verschließen.

Ich als Hobbyhandwerker mache um diese Bohrergröße übrigens immer einen großen Bogen – zu breit werden die Löcher, und eigentlich brechen und reißen die Ränder immer auf.

Da ich Dexter ja aber bereits als Massenmörder und nicht als Hobbyhandwerker vorgestellt habe, kann ich nicht ausschließen, dass er sie bewusst gewählt hat, kenne mich schließlich mit dem Schmerz- bzw. Blutverlustfaktor dieser Bohrergröße nicht angemessen aus.

Dexters Bohrmaschine verfügt jedenfalls über einen Akku und ist somit ohne langes Kabel und Steckdose direkt einsatzbereit. Er lässt sie kurz einmal aufheulen (mache ich auch immer so, fühle mich ertappt. Ist so 'ne Art Generalprobe, letzter Check, ob der Bohrer festsitzt), aber mir kommt es vor, als wolle er sein Opfer aufwecken.

Dexter wartet ganz ruhig noch ein bis zwei Minuten, bis die Injektion wirkt und sein Opfer aus der Narkose erwacht. Die Augen des mir fremden Mannes öffnen sich langsam, werden dann aber reflexartig weit aufgerissen, und der Blick wandert hektisch durch den Raum, um schließlich und offensichtlich überhaupt nicht erfreut an Dexter hängen zu bleiben.

Dexter grinst und erhöht die Drehzahl der Bohrmaschine um etwa 3000 Umdrehungen.

»Los, mach ihn fertig, bring den Arsch um«, donnert es plötzlich durch unser Schlafzimmer, so laut, dass jeder wachsame Nachbar sofort die Bullen rufen müsste. Meine Frau ist jetzt voll und ganz in der Serie.

Ich zucke dermaßen zusammen, dass mein Weinglas, hätte ich es zuvor nicht aus der Hand gestellt, scheppernd an unserer Zimmerdecke gelandet wäre.

Dass eine erwachsene Frau, die Gewalt im TV eigentlich kategorisch ablehnt, derart euphorisch abgeht, liegt natürlich an der Besonderheit der Serie. Dexter Morgan ist – zumindest vor dem Gesetz – natürlich kein Guter. Er ist ein Mörder, und (Sie haben keine Ahnung, wie schwer es mir fällt, diesen Satz hier zu schreiben.): Er gehört lebenslang hinter Gitter.

Aber für mich als Fan, der ich ohne Einschränkung bin, ist er natürlich ein Guter. Er ist der Beste – und kann sich bei allen seinen Morden meiner vollen Unterstützung gewiss sein.

Ich muss dazu natürlich noch Folgendes erklären: Dexter Morgan hat durch ein Trauma in seiner Kindheit einen Hang zum Töten, den sein Vater, seines Zeichens ein hohes Tier bei der Polizei, früh erkennt. Als Dexter älter wird, erzählt sein Vater ihm von Fällen, die er bearbeitet hat, wo Straftäter infolge von Verfahrensfehlern oder guten Anwälten auf freien Fuß gesetzt wurden, obwohl sie zweifelsfrei schuldig waren.

Sie ahnen es schon, richtig, Dexter kümmert sich um genau diese Herrschaften (einige wenige Damen sind auch darunter) und sorgt so für Gerechtigkeit im Sinne des sich nach Rache sehnenden Zuschauers. Er killt also nur diejenigen, die es auch verdient haben.

Eine echt besondere Serie, wirklich spannend mit herausragenden Schauspielern und immer wieder skurrilen Wendungen. Was ich durch *Dexter* noch gelernt habe, ist die Tatsache, dass die FSK-18-Einstufung, die sich ja auch auf dem Cover befindet, zumindest im Ausland eine durchaus abschreckende Wirkung hat. Jedes Mal, nachdem das Hotelzimmer von der Hausdame gemacht wurde, war unsere *Dexter*-DVD umgedreht. Sie lag mit dem Cover nach unten auf dem Tisch. Ich dachte zuerst, ich hätte sie so liegen gelassen, aber am nächsten Tag: gleiches Spiel. Was auch immer die Zimmerdame für einen ersten Eindruck von *Dexter* hatte, ich finde, sie sollte es irgendwann einmal trotzdem mit ihm versuchen. Ich glaube fest, ihr würde es gefallen wie den meisten, die sich einmal mit dem wohl sympathischsten aller Serienmörder solidarisch erklärt haben.

STARKER TOBAK

Da wir gerade in der FSK-18-Ecke sind, schauen wir uns doch einfach noch ein wenig um und ziehen zum Beispiel *Californication* aus dem Regal. Richtig, richtig starker Tobak – nicht brutal, aber trotzdem gespickt mit allem, was man von Kindern gerne so lange wie möglich fernhält.

Dass *Californication* ausgerechnet aus den USA kommt, also dem Land, wo alle Welt durchdreht, wenn irgendwo im TV mal 'ne entblößte weibliche Brust sichtbar wird, ist wirklich 'ne Überraschung.

Ich war einmal in Houston, Texas, und habe dort live den Superbowl, also das Endspiel der amerikanischen Football-Saison, gesehen. Während der Halftime-Show legte Justin Timberlake durch eine geschickte Handbewegung die rechte Brust von Janet Jackson ein kleines Stück frei, sodass Millionen von Fernsehzuschauern für den Bruchteil einer Sekunde freie Sicht hatten. Alter Schwede, da war vielleicht was los.

Ich konnte von meinem Platz aus nicht sehen, was passiert war, aber ich merkte, es wurde überall im Stadion wild diskutiert. Es hat bestimmt fünf Minuten gedauert, bis ich mitbekommen habe, worum es eigentlich gerade ging. Ein Freund in Deutschland, der das Spektakel zu Hause live im TV verfolgte, schickte 'ne SMS, und so erfuhr ich erst, was Sache war. Ich schrieb zurück, dass noch irgendwas passiert sein musste, weil das gesamte Stadion in heller Aufruhr war. Dieser kleine Nippelblitzer konnte doch nicht im Ernst erwachsene Menschen so aus der Fassung bringen. War aber so.

Ohne Scheiß, dieses Ereignis ging in die Geschichte als Nippelgate ein. Damit sich so etwas Schreckliches auch ja nie wieder wiederholen kann, wird der gesamte Superbowl jetzt immer weltweit mit einer fünfsekündigen Zeitverzögerung übertragen. Will sagen: Passiert irgendwann noch mal etwas Vergleichbares, drückt ein Mann in der Regie auf einen Knopf, und die Übertragung wird sofort unterbrochen. Ob der überraschende Einsatz einer Schusswaffe während der Übertragung den Mann auch in Versuchung bringt, den ominösen Knopf zu drücken? Irgendwie kann ich nicht dran glauben. Ob die beiden diesen Coup vorher einstudiert hatten, kann ich nicht sagen, Fakt ist: Janet Jackson musste sich offiziell entschuldigen, nicht etwa Justin Timberlake, der sie erst in diese Situation gebracht hatte.

Die Zeitungen waren am nächsten Tag voll damit, alle TV-Kanäle berichteten über Nippelgate, und immer erst als zweite Schlagzeile wurde der Sieg der New England Patriots vermeldet, schon verrückt.

Kleine Anekdote am Rande: Jeder Zuschauer, der wie ich live im Stadion war, dürfte sich viel mehr darüber gewundert haben, dass keine Sau über den Flitzer kurz vor Beginn der zweiten Halbzeit berichtet hatte. Beide Teams standen in ihrer Formation, in wenigen Sekunden sollte es wieder losgehen. Im TV lief der letzte Werbespot, da zog auf einmal ein als Schiedsrichter verkleideter Flitzer blank und rannte über das gesamte Feld, bis ihn schließlich die Defense der Carolina Panthers krachend zu Boden brachte. Fand ich damals echt 'nen Hammer: Höchste Sicherheitsstufe und ein Flitzer verkleidet sich einfach als Schiedsrichter und verarscht den gesamten Sicherheitsapparat. War aber keine Meldung wert, alle berichteten nur über die für 0,2 Sekunden halb nackte Brust von Janet Jackson.

Dass nun ausgerechnet in diesem Land eine derart freizügige Serie produziert wird wie *Californication*, liegt natürlich auch am Auftraggeber. Die Serie lief ab 2007 für sieben Staffeln bei Showtime, einem Pay-TV-Sender, der naturgemäß ab einer gewissen Uhrzeit mit Jugendschutzsperren ausgestattet ist: Kinder müssen draußen bleiben.

Californication ist die Geschichte von Hank Moody, einem nicht unbedingt sehr produktiven Schriftsteller, gespielt von David Duchovny, den Sie sicherlich aus der in Deutschland zunächst bei ProSieben ausgestrahlten Serie *Akte X* oder vielleicht auch von der Serie *Aquarius* kennen.

Hank lebt in Los Angeles getrennt von seiner Frau Karen. Die gemeinsame zwölfjährige Tochter Becca verbringt gelegentlich die Wochenenden bei ihm. Nachdem sein letzter Roman ganz anders verfilmt wurde, als Hank es wollte, hat der Gute – gelinde gesagt – einen kleinen Durchhänger. Er stellt die gesamte Filmbranche in Hollywood infrage, was dazu führt, dass die Serie vor schwarzem Humor nur so trieft.

Sie fragen jetzt zu Recht: »Und warum ist das auf keinen Fall etwas für meine Kinder?«

Nun, wo soll ich anfangen? Vielleicht mit einem durchschnittlichen Morgen von Hank Moody.

Er wacht auf, weil sein Manager Charlie Runkle vergeblich versucht, die Tür einzutreten, um ihn zu wecken, da er einen wichtigen Termin bei einem Verleger verpennt hat. Er schlägt die Augen auf, neben sich im Bett eine unbekannte Frau, der er im Aufstehen zuruft, sie möge einfach die Tür hinter sich zuschlagen.

Ein gutes Frühstück ist ihm wichtig! Wohlgemerkt alles im Gehen und in folgender Reihenfolge: Zigarette, Whiskey und schnell noch den zwei Tage alten Kaffee aus dem Kühlschrank hinterher. Auf die Drogen muss er an diesem Morgen wohl oder übel verzichten, da der Abend zuvor recht gut lief und die beiden Staubsauger nicht die geringste Schneeflocke übrig gelassen haben.

Hank ist trotzdem ein echt feiner Kerl, intelligent, liebt sein Kind Becca über alles, aber leider auch noch seine Ex-Frau Karen, mit der es immer mal wieder hin und her geht. Karen lebt inzwischen mit einem anderen Mann zusammen, der wiederum die dann doch recht frühreife 16-jährige Tochter Mia mit in die Beziehung bringt.

Wenn ich Ihnen jetzt erzähle, dass Hank einen irren Verschleiß an Frauen an den Tag legt, ahnen Sie es vielleicht schon. Oder doch nicht? Mit der 16-jährigen Tochter des neuen Mannes der Ex? Nein, nie im Leben hat er mit der was gehabt? Doch, hat er! Und damit: Herzlich willkommen bei *Californication*. Hier gibt es kein No-Go und keine Scham.

Zu Hanks Ehrenrettung sei gesagt, dass er natürlich nicht wusste, dass Mia noch minderjährig ist, die tatsächlich auch durchaus für jenseits der 20 durchgehen könnte. Daraus entwickelt sich natürlich ein Rieseneklat, da sich Mia auch noch in Hank verliebt, ihm das aktuelle Script seines neuen Buches klaut, es ein wenig umschreibt und selbst veröffentlichen möchte. Es heißt übrigens »Ficken und Schläge« (Fucking and Punching).

Hank Moody ist ein tragischer Held, der – meistens selbst verschuldet – an einer glücklichen Lebensgesamtsituation wiederholt und deutlich vorbeischrammt. Zu groß sind seine Süchte nach Alkohol, Nikotin, Drogen und vor allem Frauen. David Duchovny brilliert und ist die perfekte Besetzung für die Rolle, die mich in Teilen an eine Charles-Bukowski-Verfilmung erinnert hat.

Aber nicht nur Duchovny macht die Serie sehenswert. Sein Manager Charlie Runckle, gespielt von Evan Handler, ist der

Hammer. Er steht mit vollem Einsatz hinter seinen Klienten: Wenn er morgens um sechs zusammen mit Hank nach einer weiteren bunten Nacht in einem Porsche Cabrio wach wird, sich erschreckt, weil ein riesiges frisch tätowiertes Arschgeweih seinen Luxuskörper ziert, leidet man genauso mit ihm wie bei den Eheproblemen mit seiner Frau, die er liebevoll Koksschlumpf nennt.

Ein echtes Highlight ist noch der Gastauftritt von Rick Springfield, einem Popstar, der seine erfolgreichste Zeit in den 1980ern hatte – und der sich selbst spielt. Das finde ich ausgesprochen mutig, weil er nicht der Held ist, sondern vielmehr ein alter, abgehalfterter Popstar, der durch Groupieverschleiß und Kokainpartys von sich reden macht.

Als Rick Springfield eine Frau von hinten beglückt und dazu laut seinen größten Hit »You better love somebody« trällert, stellt sich mir die Frage, ob er wirklich so über der ganzen Sache steht oder ob ihn vielleicht doch seine finanzielle Lage dazu ermuntert hat, für diese Rolle zu unterschreiben. Wie auch immer sein Engagement zustande gekommen ist: Er ist eine Bereicherung.

Die Serie zeigt schon einen Haufen ziemlich kaputter Menschen mit echten Problemen, die aber immer wieder aufstehen und vor allem zusammenhalten und sich gegenseitig unterstützen. Trotzdem, ich wiederhole mich da gerne: nichts für Menschen, die offiziell noch nicht wählen dürfen.

LEHREN AUS DEM *HAUS DES GELDES*

Sind Serien immer moralisch fragwürdig? Zeigen uns Killer, denen wir zujubeln, während ihnen Blut vom elektrischen Bohrer tropft? Oder gescheiterte Existenzen mit unheilvollem Sextrieb, aber wunderbarem Humor? Nun, bei *La casa de papel* oder auf Deutsch *Haus des Geldes* sieht das schon wieder anders aus. Ob Sie das gerne mit Kindern schauen? Klar, zumindest wenn sie jenseits der 16 sind.

Ich hatte vor einigen Jahren den französischen DJ und Musikproduzenten Hugel in meiner Sendung. Er trat mit seinem Song *Bella ciao* auf und kam direkt nach seinem Auftritt rüber auf die Couch für einen kurzen Talk. Ein sehr netter, aufgeräumter Bursche war das, der genau verstanden hat, was er da für einen Riesenhit gelandet hatte und was sich daraus für Möglichkeiten für ihn ergaben.

Bella Ciao ist eigentlich ein uraltes Lied, das unter anderem schon italienische Partisanen im Zweiten Weltkrieg gesungen haben. In der Serie *Haus des Geldes* spielt dieser Song eine große Rolle. Er ist so etwas wie die Hymne der Serie geworden, was ich zwar wusste, aber nicht recht einordnen konnte.

Zur Vorbereitung hatte ich mir einen Ausschnitt angesehen, damit ich mehr dazu sagen konnte: Zwei Hauptdarsteller sitzen allein an einer üppig gedeckten Tafel bei Kerzenschein, als sie anfangen, dieses Lied zu singen – ein absoluter Gänsehautmoment, voller Ehre und Pathos und kein bisschen kitschig.

Genau dies Momentum hatte DJ Hugel genutzt und dazu die unfassbare Popularität der Serie und machte aus der alten *Bella-ciao*-Version einen modernen, zeitgemäßen Song mit ordentlich Bässen: Ein Welthit war geboren, es hagelte goldene und Platin-Auszeichnungen, und er durfte auf keinem Festival fehlen.

Ich gehe vor jeder Sendung zu den Künstlern und bespreche kurz, was wichtig ist, über was wir reden wollen, so auch bei Hugel. Meist sind das keine wichtigen Informationen, die da ausgetauscht werden, halt so 'ne Schön-dass-du-da-bist-Nummer. Als wir uns das erste Mal trafen, kannte ich nur diesen einen kurzen Ausschnitt der Serie. Ich begrüßte ihn also in seiner Garderobe, und wir machten ein bisschen Small Talk, erst auf Französisch, wechselten dann aber doch sehr schnell ins Englische – mein Schulfranzösisch ist echt unter aller Sau.

Wir kamen natürlich auf die Serie *Haus des Geldes* zu sprechen, der er ja eine Menge zu verdanken hat. Ich eröffnete ihm, dass ich die Serie noch nicht gesehen, aber schon sehr viel Gutes gehört hatte. Er dachte spontan, ich machte Witze, so unglaublich war der Gedanke für ihn, dass die Serie bisher an mir vorbeigegangen war – und ich dachte kurz, Hugel sei sauer, weil ich mir die Serie nicht zur Vorbereitung auf seinen Auftritt reingezogen hatte. Ich musste ihm versprechen, das so schnell wie möglich nachzuholen, sie sei wirklich etwas ganz Besonderes.

Und um ehrlich zu sein, war er mit diesem Urteil nicht der Erste: Ich hatte genau diese Formulierung in Bezug auf die Serie schon von meinem ältesten Sohn Max gehört, der mir echt früh den Tipp gab, bei Netflix mal nach *Haus des Geldes* zu schauen. Da er aber nicht sagen wollte, worum es geht, um nicht zu viel zu verraten, kamen bei mir erst mal andere

Serien auf die Liste. Und jetzt stehe ich da und weiß, dass man hier zu viel verraten kann. Wo fange ich also an zu beschreiben, warum mich die Serie so fasziniert?

La Casa de Papel, wie die Serie im spanischen Original heißt, wurde bereits 2017 in Spanien bei Antena 3 ausgestrahlt und lief zunächst weniger als durchschnittlich, das zeigen die Einschaltquoten. Also alles andere als ein Hit. Was aber dann passiert, dokumentiert, dass bei Netflix nicht nur viel Kapital sitzt, sondern auch clevere Fernsehmacher. Netflix kaufte *Haus des Geldes,* schnitt die Serie um, kürzte sie – und der Rest ist Geschichte: Sie wurde die meistgesehene, nicht ursprünglich englischsprachige Serie und das völlig zu Recht.

Ein geheimnisvoller Mann, der sich selbst Professor nennt, organisiert zusammen mit acht handverlesenen Komplizen den größten Raubüberfall in der Geschichte mit dem Ziel, die Banknotendruckerei Spaniens zu besetzen, um für sich Geldnoten zu drucken. Damit die Beteiligten im Falle einer Festnahme nichts Belastendes über ihre Kollegen aussagen können, gibt keiner dem anderen etwas über seine Identität preis, bis hin zum Namen: Das Team einigt sich darauf, mit Städtenamen zu arbeiten. Und schneller, als man denkt, gehen einem diese Städtenamen in Fleisch und Blut über. Jeder Fan dieser Heldenreise wird zu einigen Städten oder zumindest zu deren Namen einen besonderen Bezug entwickelt haben. Egal, ob Tokio, Nairobi, Helsinki, Berlin oder Denver – es sind nicht nur Städte, es sind Menschen geworden, denen man voller Sympathie folgt auf ihren zum Teil tragischen Lebensläufen. Höre oder lese ich heute noch etwas zum Beispiel über die Stadt Nairobi, werde ich ein Stück weit wehmütig und habe ganz konkrete Bilder vor Augen. Was für eine tolle Idee die Macher hier hatten! Ich stelle mir vor, dass ich in einigen Jahren immer noch innerlich einen Film laufen habe, nur weil mir jemand vom letzten Urlaub erzählt – und dann schalte ich am Abend vielleicht auf den Streamingdienst um und lade mir eine meiner Lieblingsfolgen. Das bleibt echt nachhaltig im Gedächtnis.

Zurück zur Handlung, denn die zählt natürlich auch: Der Professor plant den Überfall bis ins letzte Detail, er ist Perfektionist und hat fast alle Varianten des Coups durchgespielt. Und ja, erneut bin ich voller Sympathien für die Straftäter, die ja – ich weiß, das ist kein Argument –, eigentlich kein Geld stehlen, sondern halt nur frisches drucken. Da eine Geiselnahme zum Plan des Professors gehört, muss er seine Weggefährten vor einer möglichen Identifizierung durch die Geiseln schützen. Aus diesem Grund tragen alle einen orangefarbenen Overall und Masken mit dem markanten Gesicht von Salvador Dalí. Dieses Outfits und die Städtenamen sind in erster Linie das Erkennungsmerkmal der Serie, die jeder sofort zuordnen kann.

Mit dem Erfolg der Serie, der ja nach der ersten Runde in Spanien überhaupt nicht absehbar war, stieg auch die Begehrlichkeit nach mehr Material über diese sympathische Gang. Die eigentlich abgeschlossene Handlung der ersten Staffel wurde kurzum so angelegt, dass weiteren Staffeln nichts mehr im Wege stand.

Bei Netfix gibt es übrigens auch eine Art Making-of mit dem Titel *Haus des Geldes – das Phänomen*. Absolut sehenswert. Ich liebe es zu verfolgen, was hinter den Kulissen einer Produktion passiert und wie die Macher selbst von dem unfassbaren Erfolg der Serie überrascht wurden. Dazu sind die Schauspieler bei Außenaufnahmen zu sehen, wie sie sich über Passanten freuen, die sich die Arbeit vor Ort anschauen wollen und schlussendlich die gesamte Situation total unterschätzen: Dank der sozialen Medien war der Drehort in Minuten überfüllt mit Zigtausenden Menschen, alles Fans der Serie *Haus des Geldes*. An Arbeit war auch aus Sicherheitsgründen nicht mehr zu denken, der Dreh musste abgebrochen werden, und den Akteuren blieb nichts anderes übrig, als ein Bad in der Menge zu nehmen und Autogramme zu schreiben.

Achtung Spoileralarm: Es ist vielleicht besser, das Making-of erst nach der gesamten Serie zu sehen, auch wenn ich gestehen muss, dass ich nicht so viel Geduld hatte.

Bitte schauen Sie diese Serie, das ist eine absolute Empfehlung, ja, das ist sogar eine Empfehlung mit Nachdruck.

HAMADY SCHON ERWÄHNT?

Kennen Sie eigentlich die Familie Hamady? Toni, Latif oder Abbas Hamady? Sie sind Mitglieder eines libanesischen Clans und bestreiten mit organisierten Verbrechen in Berlin-Neukölln ihren Lebensunterhalt. Die Serie *4 Blocks*, deren Hauptdarsteller ich Ihnen gerade vorgestellt habe, gehört zu den besten Serien, die in den letzten Jahren in Deutschland produziert wurden. *Dogs of Berlin* oder auch *Beat* sind ganz sicher gelungen, aber *4 Blocks* spielt da noch mal in einer ganz anderen Liga und hat sich im Laufe der drei Staffeln eine echte Fangemeinde geschaffen und diverse Auszeichnungen eingeheimst.

Toni Hamady ist der Kopf des Clans und lenkt die Geschäfte des mittelgroßen Familienunternehmens, das sich vornehmlich mit der Beschaffung und dem Weiterverkauf von Drogen beschäftigt, um es mal nett zu formulieren.

Dass Drogengeschäfte nicht mit einem klassischen Im- und Exporthandel zu vergleichen sind, liegt auf der Hand. Wie um Hierarchien innerhalb einer Organisation sowie die Vormachtstellung auf der Straße gekämpft wird, zeigt diese Serie in aller Kompromisslosigkeit und Brutalität.

Toni und seine Familie sind genau die Sorte von Jungs, um die man einen großen Bogen machen sollte und denen man nach Möglichkeit niemals einen Gefallen schuldig sein darf. Die Familie ist der engste Kreis, und man hat als Nicht-Familienmitglied eigentlich keine Chance, da reinzukommen. Einem alten Freund von Toni gelingt dieses Kunststück, was die Spannung der Serie fast unerträglich macht, da er inzwischen für die Polizei als verdeckter Ermittler arbeitet und in den Clan mit viel Aufwand eingeschleust wird. Frederick Lau spielt den Undercoveragenten Vince so überragend, dass der Zuschauer von einer Panikattacke zur nächsten eilt, weil seine Identität ständig aufzufliegen droht.

Tonis Bruder Abbas traut Vince von Anfang an nicht und hat ständig ein Auge auf ihn. Ganz dicht geht er mit seinem kahl rasierten Schädel an ihn heran, kneift die Augen zu Schlitzen zusammen, droht ihm und erweckt auch sonst rundum den Eindruck, als hätte er nicht nur die Lust, sondern auch die Kraft, noch vor dem Frühstück mindestens zwei Dritteln der Weltbevölkerung die Fresse zu polieren.

Tonis Schwager Latif steht Abbas rein optisch in nichts nach, ist ebenso boxerkahl und beherrscht die Kunst der drohenden Augenbrauen, doch er ist ein wenig kontrollierter und nicht ganz so schnell auf hundertachtzig. Als er mit neun Kilo Koks im Kofferraum erwischt wird, kommt die Argumentationskette »Eigenbedarf« allerdings ein wenig ins Stocken. Latif muss ins Gefängnis und macht damit dem verdeckten Ermittler Vince den Weg frei, ein Verhältnis mit seiner Frau anzufangen. Denn die beiden kennen sich von früher, haben immer noch Gefühle füreinander, und der Zuschauer – also genau genommen ich – steht schreiend vor dem Fernseher und will ihn von diesem Himmelfahrtskommando abhalten.

Doch die Idee, als verdeckter Ermittler einem Clanmitglied die Ehefrau auszuspannen, um später in Ruhe bei einem Glas Tee die Sache zu besprechen und zur beiderseitigen Zufriedenheit zu klären, ist nichts, worauf man sich verlassen sollte.

Diese Serienmacher verstehen ihr Handwerk: Das Spiel mit dem Feuer geht unter die Haut, und dazu entwickelt man als Zuschauer eine wachsende Sympathie zumindest für Toni.

Genau von diesem Widerstreit in jedem von uns Zuschauenden leben Serien: Man empfindet Sympathie für einen Drogenpaten und Mörder. Das geht einem eigentlich ja gegen den Strich, und entsprechend merkwürdig klingt es, wenn man es laut sagt – oder schreibt. Zum Glück lässt sich das aber mit Tonis ernsthaften Bemühungen erklären – oder zumindest für sich selbst relativieren –, in Zukunft legale Geschäfte betreiben zu wollen. Denn dieser Toni ist ein absoluter Familienmensch, er liebt seine Frau und seine kleine Tochter Serin über alles, und ihn treibt um, dass gerade diese beiden Menschen durch seine Geschäfte in ständiger Gefahr leben. Seine Bemühungen, auf legalem Wege ins Immobiliengeschäft einzusteigen, (Achtung: Spoileralarm!) scheitern letztendlich an seiner doch etwas korrupten Herangehensweise.

Die Schauspieler rund um Kida Khodr Ramadan als Toni sind so perfekt ausgewählt und spielen so überzeugend, dass es mich nicht wundern würde, wenn die Menschen nach Ausstrahlung dieser Serie auch im echten Leben auf der Straße lieber einen Bogen um die Jungs machten.

Denen begegnet man doch nicht einfach so? Ja? Meinen Sie?

Als ich vor einigen Monaten bei einem Media Markt oder Expert oder Saturn in Hamburg Druckerpatronen kaufen wollte, kam ich wie immer ein wenig vom Weg ab und blieb in der TV-Abteilung stecken. Die Geräte werden irgendwie stündlich größer, billiger und haben immer mehr Funktionen für weitere Unterfunktionen, die wiederum andere Unterfunktionen aktivieren können, wenn du dich vorher online registriert hast und mit einem sechsstelligen PIN bestätigst, dass die zwölfstellige Gerätenummer zu deinem Gerät gehört – oder so ähnlich. Ein etwa 20-jähriger Verkäufer erklärte mir dieses Prozedere genauso wie die Fernbedienung, die ja inzwischen auch keine Programmtasten mit Zahlen mehr hat, sondern nur noch zwei Kippschalter, dafür aber 212 Menüfelder auf dem Screen, weil das alles nun wirklich total easy aufgebaut ist …

Irgendwann bin ich dann mal zu den Staubsaugern rübergeschlendert, die ja inzwischen, dank Dyson, Bosch & Co. aussehen, als könnten sie einem in allen Lebenslagen alles ermöglichen, inklusive Geburt und Transatlantikflug. Ich nahm so ein Hightech-Endgerät der Marke Rowenta vorsichtig in die Hand, als mir plötzlich das gesamte Hauptrohr in der Mitte abknickte und labbrig hin und her pendelte.

Schön kaputt gemacht, dachte ich, als ich hinter mir auf einmal eine Stimme hörte: »Das gehört so, damit du auch unters Sofa kommst.«

Ich drehte mich um und sah ’nen Riesenkerl vor mir, der mir trotz Mund-Nasen-Maske seltsam vertraut vorkam. Heidewitzka, das war Latif, der Schwager von Toni! Noch größer als im Fernsehen und zum Glück ja auch nur der Schauspieler. Ich hatte die Serie gerade frisch zu Ende gebracht und war also noch voll im Thema. Um nicht gleich mit der Tür ins Haus zu fallen, quatschten wir erst über die Corona-Situation, dass die Masken nerven und hoffentlich bald alles vorbei ist. Irgendwann fragte er dann, wie gerade beim Fernsehen gearbeitet wird, ob mit Publikum oder ohne.

»Wir müssen erst mal ohne Publikum produzieren, hoffen aber, bald wieder Menschen ins Studio lassen zu können. Ist bei euch natürlich einfacher, ihr braucht ja kein Publikum«, sagte ich. Er schmunzelte – zumindest sah es hinter der Maske so aus, also: Die Augen funkelten.

Ich erklärte ihm, wie genial ich *4 Blocks* finde und dass alle Beteiligten ’nen echt guten Job gemacht haben. »Wie schade, dass nach der dritten Staffel jetzt Schluss sein soll, obwohl deiner Rolle ja sowieso durch einen Kopfschuss ein jähes Ende bereitet wurde.«

Jetzt wirkte Latif etwas schüchtern, kurz vor verwirrt. Und leider, leider stellte sich in den nächsten Minuten heraus, dass Latif gar nicht Latif war, sondern schlichtweg der Außendienstmitarbeiter von Rowenta, der dem Schauspieler, begünstigt durch die Maske, verblüffend ähnlich sah. Ich musste dem lieben Mann echt erklären, was da gerade passiert war, und er versicherte mir noch mal, wie gut der sei, der Knick im Rohr vom Rowenta Air Force Flex. Und nein, ich habe da keinen Vertrag mit …

Latif hin oder her, *4 Blocks* ist eine richtig gute Serie und erinnert ein wenig an eine moderne Ausgabe der *Sopranos*. Meine Empfehlung: unbedingt anschauen.

MIT NEUEM BLICK FÜR DIE AUSSTATTUNG

Wenn Sie wie ich bereits die eine oder andere Serie angeschaut haben, werden Sie bestimmt auch ein Gespür dafür entwickelt haben, was Ihnen gefallen könnte und was Ihren Geschmack wahrscheinlich nicht trifft. Ich hatte ja bereits erwähnt, dass bei Handlungen, in denen etwas Übernatürliches ins Spiel kommt, für mich die Sache beendet ist – ich kann damit einfach nichts anfangen. Ähnlich geht es mir bei opulent ausgestatteten Serien meist aus einer anderen Zeit. Die Serie *Downton Abbey* zum Beispiel handelt von einer britischen Adelsfamilie und ihrem Personal, spielt am Anfang des 20. Jahrhunderts und ist mit das Erfolgreichste, was in den letzten Jahren an Serien produziert wurde.

Als kleines Kind lief bei uns hin und wieder zu Hause die Serie *Das Haus am Eaton Place*. Boah, so was Langweiliges, alles so gestelzt, und vor allem wurde da immer echt komisch gesprochen. Die in den 1970ern produzierte Serie ist vielleicht mit dafür verantwortlich, dass ich um diese Art von Unterhaltung bis heute einen Bogen mache.

Deshalb hat auch *Downton Abbey*, das mich doch nach allem, was ich darüber gehört habe, stark an *Das Haus am Eaton Place* erinnert, bis zum heutigen Tage bei mir keine Chance bekommen. Nicht mal einen Trailer habe ich gesehen. Vielleicht ein Fehler, denn anscheinend gefallen mir diese opulenten Bilder aus einer anderen Zeit dann doch. Mit den fünf Staffeln *Boardwalk Empire* hatte ich zumindest richtig viel Spaß.

Boardwalk Empire spielt in Atlantic City, USA, in den 1920er-Jahren, also in der Zeit der Prohibition, als Alkohol verboten war. Alles dreht sich um den durch und durch korrupten Politiker Enoch »Nucky« Thompson, der nach außen hin den bibeltreuen Ehrenmann gibt, in Wirklichkeit aber Kopf einer riesigen Organisation ist, die mit dem Schmuggel von Alkohol ein Vermögen verdient.

Casinos, Bars und Nachtklubs sorgen dafür, dass Atlantic City eine echte Hochburg des Vergnügens ist, weshalb man alles tut, um das Alkoholverbot zu umgehen. Atlantic City hat einen Hafen und liegt günstig zwischen Philadelphia, Chicago und New York – mit illegalem Alkoholhandel ein Geschäft zu machen, bietet sich also förmlich an.

Nucky Thomson garantiert die Alkoholversorgung, er ist gleichzeitig eine Art Bürgermeister, verantwortlich für die Finanzen der Stadt, immer mit einem offenen Ohr für die Probleme seiner Mitbürger. Gerne hilft er seinen Mitmenschen auch finanziell, versäumt es aber nicht, sie mit Nachdruck daran zu erinnern, dass auch sie vielleicht einmal etwas für ihn tun müssten.

Die ganze Serie ist ein Mafiaepos, produziert, wen wundert es, von Martin Scorsese (u.a. *GoodFellas*) und Terence Winter, der schon bei den *Sopranos* mitmischte. Steve Buscemi spielt den Nucky Thompson überragend gut – leider das alles mit der Synchronstimme von Spongebob, das muss man irgendwie ausblenden oder halt im Original ansehen. Was diese Serie ausmacht, ist wieder einmal die Solidarität, die wir Zuschauer mit den Menschen auf der falschen Seite des Gesetzes empfinden.

Ganz nebenbei wird auch noch der Aufstieg von Al Capone wie eine Begleitgeschichte eingeflochten, was mir aber erst etwas später klar wurde, nachdem ich die Bilder alle wieder scharf sehen konnte. Das lag aber nicht an einem technischen Defekt meines Fernsehers, sondern an meiner leicht fortgeschrittenen Sehschwäche, der ich in meiner *Boardwalk-Empire*-Zeit den Kampf angesagt habe – und jetzt habe ich tatsächlich wieder den Durchblick.

Sie kennen die Geschichte: Irgendwann ereilt es uns alle, ob wir wollen oder nicht. Die Länge der Arme reicht nicht mehr aus, und wir kaufen uns die erste Lesebrille. Auf einmal ist alles wieder scharf, und auch das Bücherlesen macht wieder Spaß. Die Serien gewinnen mehr Tiefenschärfe – und ich war überzeugt, das war es, was ich brauchte. Da die Augen aber leider nicht besser werden mit der Zeit, musste ich meine Lesebrille etwa einmal im Jahr upgraden.

Ich hätte mich damit auch gut arrangieren können, hätte mir nicht ein Freund davon erzählt, wie zufrieden er ist, seitdem er sich die Augen hat lasern lassen. Ein Zahnarztbesuch ist echt schon scheiße, aber dass ein Mann mit weißem Kittel dir einen Laser direkt ins Auge hält, steht dann doch noch mal auf einem anderen Blatt Papier. Ich weiß nicht, ob Sie sich mit dem Thema schon mal befasst haben, aber es wird ja nicht nur gelasert. Es gibt ja auch noch die sogenannte Flap-Technik, wo eine hauchdünne Schicht der äußeren Hornhaut erst hochgeklappt wird, dann wird die darunterliegende Hornhautschicht abgetragen, und am Ende wird der Flap einfach wieder runtergeklappt, um dann, wenn alles gut geht, wieder von allein festzuwachsen.

Das Beste daran ist, Sie kriegen alles hundertprozentig mit, Sie sitzen in der ersten Reihe, keine blöde Vollnarkose, nein, es passiert alles nicht nur direkt vor ihren Augen, nein, es spielt in diesem Falle sogar in ihren Augen. Sie sind im falschen Film, denken Sie? Da sind Sie nicht allein. Mein Augenarzt erzählte mir, dass zwei Drittel der Kunden nach so einem medizinischen Vorgespräch erst gar nicht wiederkommen. Kann ich irgendwie nachvollziehen.

Ich habe mich aber entschieden, die Sache durchzuziehen, und so lag ich nun nach der OP auf dem Tisch, während der Arzt mir erklärte, dass »wir sicher sind, dass alles gut geklappt hat«, ich regelmäßig Augentropfen nehmen solle und in etwa vier Stunden auch schon wieder anfangen könne, Fernsehen zu schauen. Auch geil, oder?! Nur weil ich beim Fernsehen arbeite, heißt es doch noch lange nicht, dass das primäre Lebensziel für mich nach einer gelungenen Augenoperation ist, so schnell wie möglich wieder die Glotze anzuschmeißen … Der Arzt merkte, dass dieser Hinweis mich ein wenig belustigte, und ergänzte vorsichtshalber: »Ich meinte damit, dass Sie dann gleich testen können, ob alles geklappt hat.«

Jetzt sah die Sache doch gleich ganz anders aus, »wir« waren uns also anscheinend doch noch nicht so ganz sicher, ob alles richtig gut verlaufen war? Horrorvorstellung. Schnell den Optimismus anwerfen: Das abendliche Glotzen würde die Gewissheit bringen. Na ja, wird schon dachte ich, verspürte aber eine gewisse latente Neugier bezüglich meiner neuen Sehschärfe.

Genau an diesem Abend saß ich also mit tränenden Augen vor dem Fernseher, schaute *Bordwalk Empire* und war ganz angetan von dem neuen Sehgefühl, das tatsächlich an Schärfe gewonnen hatte. Das Ganze war dann aber doch nicht ganz unanstrengend, ich musste zwischendurch längere Pausen einlegen, schloss die Augen und hörte Nucky und seinen Leuten bei ihren krummen Geschäften einfach nur zu.

Es muss in der Zeit gewesen sein, dass Al Capone das erste Mal in Erscheinung trat, denn Tage später dachte ich: Wo kommt der denn auf einmal her?

Dass die Serie nach und nach brutaler wurde (als sie ohnehin schon ist), lag allerdings nicht an meinem geschärften Blick, sondern an einem italienischen Clan, der versucht, in Atlantic City sein Geschäft neu aufzuziehen. Die fantastische Ausstattung jedenfalls wäre allein schon ein Grund, zumindest mal reinzuschauen, hinzu kommen tolle Schauspieler und die superspannende Handlung. Also: Obwohl das nicht meinem Beuteschema entspricht, hat sich das Experiment gelohnt, und ich bin hängen geblieben bei einer Serie, bei der Thema und Zeit eigentlich überhaupt nichts für mich sind.

Ich glaube, inzwischen wäre ich sogar bereit, mal ein paar Minuten mit *Downton Abbey* zu verbringen, wären da nicht diese Unmengen an anderen großartigen Serien, hö.

ALLES ODER NICHTS

Noch vor einigen Jahren, hätte ich über die Serie *All or nothing* wahrscheinlich nichts geschrieben, zu klein war die Fangemeinde von American Football. Ich will nicht sagen, dass es eine Zeit gab, in der American Football sogenanntes special interest war, aber irgendwie trifft es schon, oder? Doch das hat sich in den letzten Jahren rasant in eine ganz andere Richtung entwickelt: Immer mehr Männer und vor allem auch Frauen haben Football für sich entdeckt und freuen sich jede Woche auf den Sonntag, denn Sonntag ist Gameday in den USA, und deutsche TV-Sender übertragen live. Die Serie *All or nothing* geht inzwischen in die fünfte Staffel und begleitet jeweils ein Team der Nation Football League, kurz NFL, über eine komplette Saison hinweg.

Natürlich muss man sich in irgendeiner Weise für Sport interessieren, aber wenn Football Sie bereits infiziert hat, werden Sie diese Serie lieben, und wenn nicht, kann sie Ihnen die vielleicht komplexeste Sportart der Welt näherbringen.

Ich hatte das Glück, dass ich mir die Sportart nicht aussuchen musste, sondern sie relativ früh zu mir kam. Das war 1992, lange, lange ist es her, und ich steckte in meiner Ausbildung bei dem Hamburger Radio Sender OK Radio. Wir waren ein unglaublich junger Sender, womit ich nicht nur uns, die Angestellten, meine, sondern vor allem unsere Zuhörer. Da unsere Zielgruppe maximal bis 25 ging, suchten wir uns dementsprechend Partner aus, also Klubs, Magazine, Konzerte oder auch Vereine, die wir präsentierten und so indirekt auch unterstützten. Damals versuchte das Hamburger Footballteam Silver Eagles, sich in der Bundesliga über Wasser zu halten. Als Reporter berichtete ich regelmäßig von den Spielen und machte mich so mit dem Regelwerk (ist komplex, aber leichter, als es scheint) vertraut und lernte Spieler und Funktionäre kennen.

Der Kopf der gesamten Footballbewegung hieß Axel Gernert, ein Visionär, Geschäftsmann und vor allem ein Football-Verrückter. Seine Idee war es, ein eigenes, ein ganz neues Team in Hamburg zu gründen. Irgendwann einmal saß ich mit meinem damaligen Sportchef bei OK Radio, Thorsten Sprick, und mit Axel Gernert zusammen, und wir beredeten, wie eine mögliche Medienkooperation aussehen könnte. War alles schnell besprochen, abgesegnet, und gerade als wir uns verabschiedeten, sagte Axel noch im Rausgehen: »Sag mal, Olli, du hast doch früher Fußball gespielt, kannst du bei uns nicht im allerersten Spiel, Kick-off (den Anstoß) machen?«

Fand ich gut, kicken konnte ich, und Sport zu unterstützen war eine Selbstverständlichkeit.

Thorsten Sprick hatte dann noch die Idee, mich mit einem Headset auszustatten und die ersten Minuten, also den gesamten Kick-off, von mir live kommentieren zu lassen. Im Nachhinein glaube ich, er wollte nur live dabei sein, wenn es mal so richtig kracht.

Wochen später war es dann so weit, unser erster Gegner bei den Schweppes Cool Masters hieß Moskow Bears. Bitte fragen Sie nicht, ich habe keine Ahnung, wie die in Moskau genügend Leute für American Football zusammengekriegt haben, aber sie waren nun mal da, und dazu noch etwa fünfzehntausend Zuschauer im Hamburger Volksparkstadion. Das Spiel ging los. Moderieren konnte ich, und sehr zur Verwunderung meiner Teamkollegen konnte der Radiofuzzi auch kicken, ha. Ich ballerte das Ei so hoch und weit, dass sich unmittelbar danach das gesamte Team, alle nacheinander, jeder mit einem Kopfstoß Helm zu Helm, bei mir bedankte – 40 Kopfstöße: Dankbarkeit wird in diesem Sport ganz großgeschrieben.

Axel kam später zu mir, gratulierte mir zum gelungenen Kick und im Weggehen auch noch offiziell zum neuen Job als Kicker bei den Blue Devils. So bin ich zum Football gekommen, zu einem Sport, den ich liebe, der so von Taktik, Kraft, aber auch von Willensstärke geprägt ist, wo jeder unabhängig von seiner körperlichen Statur der Star der Mannschaft sein kann. Beim Fußball dagegen ist es doch so: Der Dicke muss immer ins Tor, und der Rest hat eigentlich die gleiche Statur. Beim Football kann der 160-Kilo-Mann der Linespieler, also der wichtigste Mann, sein, genau wie der 1 Meter 55 große Running Back: Es zählt das, was du daraus machst, egal, wie du gebaut bist. Alles oder nichts – das hängt immer von einem selbst ab. Vielleicht mag ich deshalb schon den Serientitel. *All or nothing* begleitet ein NFL-Team, also das Beste, was es in Sachen Football auf der Welt gibt. Diese Spieler sind, jeder einzelne für sich, ausgestattet mit Körperfunktionen, die es in dieser Qualität nur ganz, ganz selten auf der Welt gibt – sei es Sprungkraft, Schnelligkeit oder Ausdauer. Glauben Sie mir, es sind Maschinen.

Die besten Wide Receiver der NFL, also die Jungs, die immer die langen Pässe fangen müssen, sind so schnell, dass sie sich alle mindestens für das Halbfinale der Hundertmeterläufe bei den Olympischen Spielen qualifizieren würden. Keine Schätzung, einfach gemessene Zeiten.

Jetzt musst du als Wide Receiver aber nicht nur schnell laufen können, sondern auch mit einem Riesenhelm auf dem Kopf und Schulterpolstern noch ein Ei fangen, das 60 bis 70 Meter durch die Luft segelt. Nach einem kurzen Moment der Freude, wenn du das Ei in deinen Händen hältst, drohst du schon nach einem tierisch lauten Knall das Bewusstsein zu verlieren, weil der Verteidiger der gegnerischen Mannschaft nämlich auch das Ei gesehen hat und echt stinkig ist, dass du es gefangen hast, weshalb er dich nun – regelkonform – mit den Aufprallkräften eines ICEs in den Rasen bohrt.

Das ist Football. Es gab eine Zeit, da wurden die geschundenen Knochen mit Eisbeuteln gekühlt, um ein weiteres Anschwellen nach dem Spiel zu unterbinden. Eine Zeit, da es den Teamärzten nach dem Spiel schlichtweg an Händen mangelte, die Unmengen von Eisbeuteln an den einzelnen Spielern zu befestigen. Damals wurden riesige Wannen mit Eis gefüllt, in die sich die Jungs nach einem anstrengenden Arbeitstag einfach reinsetzten.

Football ist aber viel mehr als rohe Kraft und Gewalt. Es ist wie Schach auf dem grünen Rasen. Football ist gespickt mit unendlich viel Taktik, so viel Taktik, dass nicht ein Trainer allein dafür verantwortlich sein kann, sondern ein gesamter Trainerstab.

Es gibt einen Headcoch, den Chef, und dann noch weitere Trainer für die unterschiedlichen Bereiche, wie Offense oder Defense, also Angriff oder Verteidigung. Diese Trainer sitzen häufig während des Spiels hoch oben über den Zuschauern, um einen besseren Gesamtüberblick über das Spielfeld zu haben. Ich könnte Seiten füllen mit Superlativen rund um Football, und alles würde irgendwann in den Superbowl, das Endspiel der NFL-Saison, münden. Es gibt kein Sportevent, dass eine größere weltweite Aufmerksamkeit erfährt als der Superbowl Sunday, der Tag des Endspiels lockt bis zu einer Milliarde Zuschauer (2020 waren es 800 Millionen). Auch wir in Deutschland sind inzwischen live am TV dabei, wenn Sportgeschichte geschrieben und der neue Superbowl-Champion gekürt wird. In Amerika werden am Tag des Superbowls große Anzeigen landesweit geschaltet, mit der Bitte an die Fans, nicht in der Halbzeitpause das WC aufzusuchen: Zu groß wäre die Gefahr eines kompletten Zusammenbruchs der Wasserversorgung des Landes.

Die Serie gibt einen fantastischen Einblick in diesen gigantischen Apparat aus sportlichen Superlativen, perfekter Vermarktung und Entertainment. Die Teams der Arizona Cardinals, Dallas Cowboys, Carolina Panthers, Los Angelos Rams, sowieso der Philadelphia Eagles haben bereits ihre Tore für die handwerklich großartig gemachte Doku geöffnet und haben uns am Bildschirm mitverfolgen lassen, wie in dieser Liga der Superstars gearbeitet wird. Ich glaube – oder besser ich bin mir sicher –, wenn Sie bis jetzt noch keinen Bezug zum American Football hatten, besteht durch diese Serie eine echte Chance, dass Sie sich in Zukunft den Sonntagabend immer freihalten, denn dann heißt es: GAMEDAY!

MEIN LIEBLINGSANWALT

Dass mir eine Anwaltsserie einmal schlaflose Nächte bescheren sollte, hielt ich lange Zeit für absolut ausgeschlossen. Zu groß ist das Angebot an fantastischen, spannenden und packenden Serien, als dass ich meine knapp bemessene Serienzeit mit langweiligen Paragrafenreitern verplempern wollte. Jedenfalls dachte ich so, bis ich wieder einmal auf meine Kinder gehört habe. Und so folgte ich der Empfehlung meiner Tochter, es doch einmal mit *Suits* zu versuchen.

Ich gebe zu, ich hatte große Vorbehalte gegenüber Serien, die sich rund um das Gesetz drehen. Aber ich bin auch ganz automatisch von einem stark eingegrenzten Themenfeld ausgegangen. Dachte, das grenzt an Monothematik, denn was soll schon groß passieren: Anwalt vertritt 'nen Mandanten, Mandant ist unschuldig, böser Staatsanwalt fordert Höchststrafe, es sieht nicht gut aus, kurz vor der Urteilsverkündung findet Anwalt den entscheidenden Beweis, Angeklagter wird freigesprochen – Abspann. Boah, langweilig.

Hinzu kam, dass meine bisher einzigen Erfahrungen mit einem Gerichtssaal auch eher langweilig bis hin zu absurd waren. Vor ganz vielen Jahren habe ich die zweite und dritte Staffel *Big Brother* bei RTL moderiert. Auch das war überschaubar: Zehn Menschen ziehen für drei Monate in ein Haus oder, besser gesagt, in 'nen Container und werden rund um die Uhr von Kameras verfolgt. Die Zuschauer wählen nach und nach die Bewohner raus, und am Ende bleibt einer über, der Gewinner. Die erste Staffel lief sehr erfolgreich bei RTL 2, und so kam es, wie es kommen musste: Das Projekt wurde zu RTL befördert. In der Auftaktfolge ging es um den Einzug der Kandidaten in ihr neues Zuhause, alles natürlich live und in Farbe.

Damit sich die Damen und Herren vorher nicht zu sehen kriegten und die Überraschung beim ersten Aufeinandertreffen im neuen Haus damit umso größer war, wurden sie kurzerhand einzeln in Reisemobile verfrachtet. Dort mussten sie warten, bis sie an der Reihe waren und zu mir in die Livesendung geholt wurden. Es folgte ein kurzer Talk im Studio, und dann ging es auch schon ab ins Haus. Dort angekommen, machten sie sich mit den anderen Kandidaten bekannt, lernten das Haus kennen und freuten sich über die Hühner. Richtig: Hühner.

Da das Leben echt ganz schön langweilig und dröge werden kann, wenn man drei Monate in so einem Haus eingesperrt ist, hatte sich die Produktion was einfallen lassen und mehrere Hühner in die Obhut unserer Kandidaten gegeben.

Tägliches Füttern, Stallausmisten und das Einsammeln der Eier gehörten somit zu ihren Tagesaufgaben, und das sorgte für ein wenig Beschäftigung in dem sonst eher tristen Alltag. So weit, so gut.

Während der Livesendung bekam ich plötzlich die Ansage, ich möge bitte nicht mehr Wohnmobil sagen, sondern Reisemobil, die Hühner hätten gerade angerufen. Hä, dachte ich. Die Hühner haben angerufen? Waren zwar drollige Federtierchen und vielleicht auch gar nicht so blöd, wie man immer denkt, aber zum Hörer greifen und ausrichten lassen, der Moderator möge bitte in Zukunft Reisemobile anstatt Wohnmobile sagen – hm, eher unwahrscheinlich.

Ich hatte die Ansagen während eines Applauses über einen kleinen Knopf im Ohr von der Regie bekommen. Diese direkte

Verbindung mit den Sendeverantwortlichen ist eine feine Sache, stößt aber leider an Grenzen, sobald es ihm Studio etwas lauter wird wie zum Beispiel bei Applaus. Und genau die Ansage lautete eigentlich anders, als ich es verstanden hatte. Aber erst mal der Reihe nach: Ich möge doch bitte Reisemobile sagen, tönte die Stimme meines Redakteurs über den Ohrstecker. Das hatte ich noch richtig verstanden, allerdings hatten sich in der Regie nicht übermotivierte Klugscheißer-Hühner gemeldet, sondern der Chef von »Hymer«, der Reisemobil-Firma. Das Ganze klärte sich noch während der Sendung auf, was ich kurz den Zuschauern erzählte, frei nach dem Motto: »Sie ahnen gar nicht, was hier hinter den Kulissen alles so passiert.«

Das war nett gemeint, aber für die Landesmedienanstalten – das sind die Damen und Herren, die ganz genau aufpassen, dass wir nichts Verbotenes tun – hatte ich ein paarmal zu oft die Marke »Hymer« genannt. Schleichwerbung! Passiert so etwas, gehen die Landesmedienanstalten automatisch davon aus, dass hier Geld geflossen ist, entweder zum Moderator oder zum Sender, der dann wiederum den Moderator darum gebeten hat, die Firma »Hymer« explizit zu erwähnen.

Wochenlang geschah nichts, doch dann flatterte mir eine Vorladung ins Haus mit der Bitte, mich an einem bestimmten Tag zu einer bestimmten Uhrzeit in Hannover bei Gericht einzufinden. Ich habe dann kurz mit dem Anwalt von RTL telefoniert, der mir sofort zu verstehen gab, dass meine Idee, den Termin auf einen anderen Tag zu verschieben, um noch einen Konzertbesuch in Hannover mit unterzubringen, keinerlei Aussicht auf Erfolg haben werde.

Das also war der große Live-Gerichtsmoment: Bei der Verhandlung war ich als Zeuge geladen und sollte die Geschehnisse des fraglichen Abends noch einmal wiedergeben. Das tat ich auch, doch ich wurde dabei ständig von den Vertretern der Landesmedienanstalten unterbrochen und gefragt, ob ich nicht irgendwelche Vorteile durch meine Moderation erfahren habe, so ganz dezent und hintenrum. Die Richterin war cool und erkannte früh, dass das alles halb so wild gewesen war und sich keiner illegal an irgendwas bereichern wollte, weder der Sender noch die Produktionsfirma.

Um das absurde Szenario ein wenig aufzupeppen, erwähnte ich, kurz nachdem ich aus dem Zeugenstand entlassen war und man sich für meine Mitarbeit bedankt hatte, dass die Parkplatzsuche hier bei Gericht 'ne Katastrophe sei, vor allem mit einem acht Meter langen Reisemobil. Rums, der saß. Der Anwalt der Landesmedienanstalt sprang auf, mein RTL-Anwalt war kurz vor Brechdurchfall, nur die Richterin lachte schallend. Na, wenigstens ein Mensch hier hatte Humor.

Ausgestattet mit solchen Erfahrungen aus einem Gerichtssaal, hatte ich wirklich keinerlei Veranlassung, Zeit mit einer Anwaltsserie zu vertrödeln ... Aber da waren ja meine Tochter und ihr Tipp mit *Suits,* und wenige Sehminuten später war mir auch klar, warum sie die Serie so mochte: Es wimmelte nur so von intelligenten, gut aussehenden jungen Männern in Maßanzügen.

Suits ist die Geschichte der Anwaltskanzlei Pearson Hardman – oder anders und mit den Worten der Serienmacher: der Großkanzlei unter den TV-Anwaltsserien –, bei der die beiden Anwälte Harvey Spector und Mike Ross im Mittelpunkt stehen. Und da kommen wir auch schon zu einem zentralen Thema der Serie, denn während der smarte Anwalt Harvey ein Harvard-Studium vorweisen kann, hat sich sein Kollege Mike Ross das Studium sowie die Anwaltszulassung ergaunert. Er verfügt über ein fotografisches Gedächtnis und kann sich alles merken, was er jemals gelesen hat. Die beiden finden durch irgendwelche Umstände den Weg in dieselbe Kanzlei, und Harvey macht Mike zu seiner rechten Hand und profitiert in hohem Maße von seinen außergewöhnlichen Fähigkeiten. Klar, dass es immer wieder neue Probleme gibt, neue Fälle, die die beiden zu lösen haben, aber im Hintergrund lauert immer die Gefahr, dass Mikes Geheimnis aufzufliegen droht.

Die beiden sind klasse, was natürlich auch an den Schaupielern Patrick J. Adams und Gabriel Macht liegt, aber sie sind dabei nicht einmal die eigentlichen Helden der Serie: Zum einen wäre da die allwissende Donna, gespielt von Sarah Rafferty, Harveys Assistentin. Sie verdient von mir eine glatte Eins, ist ausgestattet mit mindestens Hunderten von Augen und Ohren – ihr entgeht nichts in der Kanzlei, sie ist der Nabel, um den sich alles dreht. Außerdem ist sie eine langjährige Vertraute von Harvey, die ihm auch in privaten Dingen mit Rat und Tat zur Seite steht und dabei weiß Gott nicht nur nach dem Munde redet: Sie ist seine Assistentin, seine beste Freundin, sein Gewissen, und eigentlich hofft man die ganze Zeit, dass die beiden irgendwie zusammenkommen.

Neben Donna fällt bei der Serie noch eine Person auf: Es ist dieser Mann, der alle anderen Mitstreiter so was von an die Wand spielt! Er steht über allem, er überstrahlt sie alle, allein seinetwegen lohnt es sich, die Serie zu schauen. Die Rede ist von Rick Hoffman oder wie er ab jetzt und auf immer und ewig für mich heißen wird: Louis Litt. Hoffman spielt den Louis so unfassbar komisch, dass es sich sogar lohnen würde, ihm ganz ohne Ton zuzuschauen.

Louis Litt ist ein Anwalt der Kanzlei, dem alle Junganwälte unterstellt sind. Er wirkt unfassbar schleimig und hinterhältig, ist aber im Kern eine echt arme Sau, die keinen Freund hat und innerhalb der Kanzlei händeringend nach Anerkennung sucht. Er liebt Schlammbäder, bezeichnet seinen doch etwas behaarten unförmigen Körper als Tempel, ist stolz auf seine fünfjährige Ballettausbildung und verliebt sich mit Haut und Haaren in die Katze eines Arbeitskollegen, der er sogar Liebesbriefe schreibt. Allein die Art und Weise, wie dieser Mensch sich bewegt, wie er durch die Gänge geht, als wäre er auf einem Catwalk, wie er mit jeder Faser seines Gesichts sein Missfallen zum Ausdruck bringt – er ist einfach ein Könner seines Fachs. Wenn er sich freut, ziehen die Mundwinkel sich ganz weit zurück, und zwei riesige Hasenzähne drohen einem entgegenzuspringen, obwohl er versucht, sie mit einer Zahnspange zu bändigen.

Die gesamten neun Staffeln *Suits* sind nicht nur, aber auch dank Louis echt sehenswert, darüber hinaus sind die Folgen wirklich spannend, lustig und gespickt mit tollen Schauspielern in ganz besonderen Rollen.

VON GUTEN EHEFRAUEN UND ANDEREN FRAGEN DER MACHT

Sollten Sie wie ich Gefallen an Anwaltsserien gefunden haben, kann ich Ihnen noch zwei, drei andere empfehlen, die alle richtig gut sind. Da wäre zum Beispiel *Damages – Im Netz der Macht*, mit einer überragenden Glenn Close, oder auch *Good Wife* mit Chris Noth, den wir als Big in *Sex and the City* kennengelernt haben.

In *Good Wife* geht es um eine gehörnte Politikerehefrau, die zu ihrem Mann steht und selbst in einer Anwaltskanzlei erfolgreich Karriere macht. Nach sieben Staffeln wurde die Serie beendet, aber ein Spin-off, also eine Weiterführung in abgewandelter Form, ließ nicht lange auf sich warten. In *The Good Fight* geht es munter weiter mit Intrigen, Machtspielchen und juristischen Winkelzügen, alles, um am Ende des Tages als Gewinner ganz oben auf dem Treppchen zu stehen. Mehrere Schauspieler von *Good Wife* zählen zum Ensemble, und nach vier erfolgreichen Staffeln war es keine Frage, dass die fünfte folgt und in absehbarer Zeit auch bei uns zu sehen sein wird.

ES IST ZUM VERRÜCKTWERDEN

Neben den Gerichtssaal-Serien tauchte auf der Auswahlseite immer eine Serie auf, an der ich irgendwann nicht mehr vorbeigekommen bin. Das ist zwar echt handfeste Kost, aber ich mag ja gerne, wenn die Komfortzone verlassen wird. Es geht um *Homeland,* eine viel besprochene und vor allem viel beworbene Serie, bei der – jedenfalls bei mir – auch genau eine Folge gereicht hat, um mich anzufixen.

In *Homeland* geht es um einen US-Soldaten, der nach acht Jahren Kriegsgefangenschaft im Irak befreit wird und nach Amerika zu seiner Familie zurückkehren kann. Nicholas Brody, gespielt von Damian Lewis, versucht, sich wieder in das Leben einzufügen – was alles andere als leicht ist, da seine Frau inzwischen ein Verhältnis mit einem seiner engsten Freunde angefangen hat. Es macht die Sache, es liegt auf der Hand, nicht unbedingt einfacher. Seine zwei Kinder haben ihn acht Jahre lang vermisst, doch sie fühlen sich natürlich auch entfremdet, was für Brody nur schwer zu ertragen ist. Der Kern der Serie, zumindest in der ersten Staffel, ist die große Frage, ob Brody im Irak umgedreht wurde, d. h., ob er inzwischen ein irakischer Spion ist. Er kommt echt verändert wieder, und es gibt ganz klare Indizien, die dafür sprechen, dass Brody doch kein gefeierter Kriegsheld ist, sondern eine Gefahr für die nationale Sicherheit darstellen könnte.

Die CIA-Agentin Carrie Mathison ist seine große Gegenspielerin. Ihr Job ist es, Topterroristen im Nahen Osten ausfindig und unschädlich zu machen. Ausgerechnet diese Frau ist felsenfest davon überzeugt, dass Brody inzwischen zum Feind geworden ist. Mit illegalen und unorthodoxen Untersuchungsmethoden kommt sie ihm auf die Spur. Doch die Frage ist, was wird sie finden? Ist alles nur ein großes Missverständnis, oder hat sie recht und Brody plant tatsächlich einen großen Terrorakt innerhalb der Vereinigten Staaten?

Die Macher von *Homeland* spielen mit dieser alles entscheidenden Frage und lassen den Zuschauer komplett im Dunkeln, was dazu führt, dass man wirklich nicht mehr weiß, wem man glauben kann. Als ich die Serie zum ersten Mal gesehen habe, war ich mir hundertprozentig sicher: Er ist ein Spion – zumindest bis zur vierten Folge der ersten Staffel. Dann war mir klar, man tut dem Menschen einfach nur ein großes Unrecht und unterschätzt vollkommen die achtjährige Gefangenschaft im Irak. Nach der langen Zeit hat man natürlich Erinnerungslücken und kriegt einige Geschehnisse auch mal in der Chronologie durcheinander. Ab der sechsten Folge lagen für mich alle Karten auf dem Tisch, die Sache war klar: Brody hat sich von den Irakern während der Gefangenschaft umdrehen lassen. Er ist jetzt einer von ihnen, hat einen Gebetsteppich in der Garage und sieht Amerika und die Menschen, die in diesem Land leben, als seine Feinde an. Diese Auffassung hätte ich jederzeit vertreten, sagen wir zumindest bis etwa Folge zehn, als mir große Zweifel an meiner Theorie kamen. Niemand lässt sich so von seinen Feinden in der Gefangenschaft beeinflussen, dass er nach Hause zurückkehrt und Pläne schmiedet, die auch die eigene Familie, die eigene Frau und auch die eigenen Kinder in hohem Maße bedrohen würden, die ihnen Schaden zufügen würden.

Schaut man sich das an, ist es zum Verrücktwerden, dieses ständige Hin und Her. Man weiß wirklich nicht, was und wem man glauben soll, und wenn dann sogar noch die eigene

Frau beim Zuschauen immer anderer Meinung ist, dann kann das etwas ändern. Bei mir war das »kurz vor anstrengend«. Aber sind wir mal ehrlich: Das sind natürlich die Momente, die eine gute Serie von einer herausragenden unterscheiden – Spion oder nicht Spion, Freund oder Feind.

Als ich 1988 zum Militär gebeten wurde, hat man mir genau diese Frage gestellt: Freund oder Feind? Wieso an mir gezweifelt wurde? Resultierend aus der Tatsache, dass ich in meiner Schulzeit freiwillig das Fach Russisch belegt hatte, kam man 1988, also in der Zeit, als die UdSSR und der gesamte Warschauer Pakt das große Feindbild darstellten, zu dem Schluss, dass das verdächtig war. Jedenfalls führte es zumindest zu leichter Skepsis aufseiten des Fachpersonals bei der Bundeswehr.

»In Ihrer Akte ist mir Folgendes aufgefallen, Herr Geissen. Sie haben ja das Abitur gerade gemacht«, leitete ein Soldat bei der Musterung, dem Eignungstest für den Wehrdienst, die Frage ein.

Ich dachte: Geil, ich bin raus, ausgemustert, weil ein Abitur ganz klar hinderlich ist für die kommenden Aufgaben in Olivgrün.

Dann fuhr er fort: »Warum haben Sie freiwillig Russisch als Fremdsprache gewählt?«

Die Antwort lag auf der Hand – für mich. Da der Russischlehrer – jedenfalls in meinen Augen – im Unterricht immer alles durchgehen ließ, und auch wenn ich dem Hörensagen an der Schule traute, entschieden meine Kumpels und ich uns für das Wahlfach Russisch, frei nach dem Motto: Wähle stets den Weg des geringsten Widerstandes.

Der Soldat mir gegenüber bekam aber eine andere Version zu hören: »Ich wollte meine Muttersprache ein wenig vertiefen«, erklärte ich ihm.

Nach einer Schrecksekunde griff er zum Telefonhörer, wählte eine Nummer und ließ mich dabei nicht aus den Augen.

Das war der Tag, als ich feststellen musste, dass so kleine Auflockerungen der allgemeinen Gemütslage – bei all jenen, die in Oliv vor einem stehen und mindestens einen Balken mehr auf der Schulter haben, als man selbst vor dem Kopf – nur mäßig ankommen.

Ich grinste zwar noch und sagte: »War 'n Witz«, aber ich verbrachte tatsächlich sechs Stunden bei der Musterung, die sonst eigentlich maximal zwei Stunden dauert.

Die Einheit, in der Nicholas Brody diente, gehörte zu den besten des Landes, war im Feindeinsatz, und er selbst war ein absoluter Elitesoldat. Diese Art von Militär wurde mir bei meinem Wehrdienst fast vollständig vorenthalten, was natürlich auch darauf zurückzuführen ist, dass ich dahin MUSSTE und dementsprechend unmotiviert war. Also erwartete mich nicht *Top Gun,* sondern ein Panzergrenadierbataillon in der Fischbeker Heide bei Hamburg, wo auch den Ausbildern klar war, dass die Jungs, die hier anrückten, froh sein würden, wenn der Spuk wieder vorbei war.

Ich hatte Glück und musste mich nicht ganz so heftig durch den Schlamm wühlen wie viele meiner Kameraden oder vielmehr: mich durch den Schlamm sudeln, wie es so schön bei der Bundeswehr hieß, sondern ich durfte lernen, einen Panzer zu fahren. Das war dann doch eine echt coole Erfahrung: Denn 30 Tonnen, 600 PS und ein mit vier Mann begehbarer Motorblock waren für mich nicht nur interessant, sondern ziemlich geil. Das war schon mal Motivation für mich, jung wie ich damals war und leicht zu begeistern. Also, so schließe ich, müssen es eher die täglichen Routineabläufe, der riesige Mangel an qualifiziertem und motiviertem Ausbilderpersonal sowie der fehlende Glaube an eine ernsthafte Überlebenschance in dieser Truppe gewesen sein, die noch heute wirken: Sollte es tatsächlich einmal zum Ernstfall kommen, wie sollte man da auch nur irgendeine Chance haben? Das war damals der Gedanke, der einem die komplette Motivation wieder rauben konnte. Für unsere Panzer gab es eine Art TÜV, die sogenannte Prüfstufe C. Da wurden alle Panzer auf Herz und Nieren geprüft, und das Ergebnis stellte natürlich eine Art Zeugnis für die gesamte Einheit dar.

Wie das halt so ist, wenn es um Noten geht, gibt es immer die Idee, ein wenig zu schummeln. Bei uns waren die Ideen klare Befehle, will sagen, nachdem die ersten zwei Panzer getestet waren, wurden sie auseinandergeschraubt und wichtige Teile in die Schrotthaufen mit Ketten eingebaut, die als Nächstes geprüft werden sollten. So ging das Prozedere damals – und somit untersuchte der Prüfer von der Bundeswehr zwar elf Panzer, aber eigentlich immer die gleichen, ohne es zu merken.

Das Ergebnis war fantastisch, elf Panzer in der Blüte ihrer Jahre und somit voll einsatzbereit – zumindest auf dem Papier. Leider hätten aber etwa acht der elf Panzer im Ernstfall nicht mal den Weg bis zum Kasernentor überstanden.

Natürlich macht man sich als junger Mensch Gedanken über die potenzielle Schlagkraft der Bundeswehr, sollte es tatsächlich bei allen Waffengattungen so zugehen wie bei uns. Das Ganze ist aber nun fast 30 Jahre her, und zum Glück mussten wir unser fragliches Können nie unter Beweis stellen, was hoffentlich auch für die Generationen gilt, die noch folgen.

Ob in *Homeland* mehr Realität steckt, kann ich von hier aus nicht beurteilen, zu gut funktioniert der Sog des Ganzen. Aber es ist definitiv mehr als nur eine Agenten- oder Kriegsserie:

Homeland ist ganz klar eine Psychoserie, Psycho im Sinne von Psychothriller, was nicht nur an der Grundfrage liegt (Ist Brody nun ein Spion oder nicht?), sondern zum großen Teil auch an Claire Danes, die die kranke Carrie Mathiesen überragend spielt. Carrie leidet nämlich unter einer bipolaren Störung, was sich bei ihr durch depressive und manische Stimmungsschwankungen bemerkbar macht, d. h., sie ist mal überaktiv, mal euphorisch und dann auch wieder stark gereizt.

Klar ist so etwas eine dankbare Rolle, wenn du als Schauspielerin mal was ausagieren willst, aber du kannst es halt auch verkacken, und das vergisst dann keiner. Claire Danes aber gelingt der Balanceakt der unterschiedlichen Gemütsschwankungen außerordentlich gut, man nimmt ihr die Krankheit nicht nur ab, man empfindet die Situation auch als Zuschauer wirklich als körperlich bedrückend. Immer wieder ist sie dicht dran an Brody, hat parallel mit einem weiteren Schub ihrer Krankheit zu kämpfen und fühlt, dass ihre Kollegen bei der CIA viele ihrer Gedankengänge auf ihre Krankheit schieben. In diesen Momenten scheint Claire Danes regelrecht zu explodieren. Dann ist sie am Limit, doch genau wie dem Zuschauer wird auch ihr keine Zeit gegeben, sich zu besinnen.

Ob Brody nun Freund oder Feind ist, wird zweifelsfrei geklärt, und auch nach seinem Ausscheiden am Ende der dritten Staffel verliert die Serie nichts an ihrer Besonderheit, dank Claire Danes. *Homeland* ist nichts für schwache Nerven, macht aber definitiv süchtig.

SÜCHTIG NACH DER NÄCHSTEN SERIE

Dass der Hauptdarsteller Damian Lewis bereits nach der dritten Staffel nicht mehr an Bord war, mag vielleicht der Tatsache geschuldet sein, dass er schon ein Angebot für eine andere Serie auf dem Tisch hatte. Und natürlich ist es schade, dass er *Homeland* recht früh und endgültig den Rücken kehrte, aber es war genau die richtige Entscheidung, denn ohne ihn gäbe es ja keinen Bobby Axelrod. In seinem zweiten großen Serienerfolg nimmt uns Damian Lewis mit in die düsteren Abgründe, die schmutzigen Geschäfte rund um die Wallstreet.

Lewis spielt in *Billions* den Hedgefonds-Manager Bobby Axelrod, der mit allen Wassern gewaschen ist und, um es mal ganz bildlich zu sagen: auf der Rasierklinge der Legalität reitet. Er ist Milliardär, mit allem Zipp und Zapp, Riesenvillen, Privatjet, eigenem Koch etc. – das volle Programm. Trotzdem ist er irgendwie bodenständig geblieben, trägt vorzugshalber Jeans, T-Shirt und Turnschuhe und scheint immer im Hinterkopf zu haben, wo er herkommt.

Die Gier nach Macht und Erfolg ist trotzdem seine größte Schwäche, und so ist es nur eine Frage der Zeit, bis die Staatsanwaltschaft auf Axelrod und seine Firma aufmerksam wird in der Person von Staatsanwalt Chuck Rhoades. Der Grund: Axel kauft ein Hundert-Millionen-Dollar-Anwesen in den Hamptons, dem Tummelplatz der Reichen und Schönen. Staatsanwalt Rhoades ist besessen von der Idee, Axel wegen illegaler Finanzgeschäfte hinter Gitter zu bringen, und macht es schließlich zu seiner Lebensaufgabe, ja, genau, wir schauen dabei zu, wie er Versuch um Versuch startet, aber zeitweise daran regelrecht zu zerbrechen droht. Kein Wunder, schließlich arbeitet seine eigene Frau Wendy nicht nur für Axel, sondern hat ein wirklich sehr enges Verhältnis zu ihm.

Die Serie lebt von diesem abgrundtiefen Hass, den Axelrod und Staatsanwalt Rhoades füreinander hegen, zum anderen kann man sich der Faszination einfach nicht entziehen, die von diesen Milliardengeschäften rund um die Wallstreet ausgeht.

Ich weiß, Geld ist nicht wichtig, Geld ist nicht alles, aber wie in dieser Serie mit der Verantwortung für so viel Kohle umgegangen wird, das macht mich fertig. Jeder, der wie ich schwitzige Hände hat, wenn er im Casino 50 Euro auf Rot setzt, wird das nachvollziehen können, denn hier geht es um zwei- bis dreihundert Millionen Dollar Gewinn an einem Tag! Jeder Normalsterbliche wäre doch schon mit der Hälfte zufrieden – kleiner Scherz.

Die Serie *Billions* entführt uns Zuschauer ein Stück weit in eine andere Welt – eine, die wir Normalsterblichen niemals betreten werden und es wahrscheinlich auch gar nicht wollen. Ich glaube sogar, dass viele tief in ihrem Innern so ein Bild von der Finanzwelt für absolut übertrieben halten – obwohl die Brüderpärchen Lehman und Haffa sich doch nun wirklich Mühe gegeben haben, filmreife Vorlagen weltweit zu liefern.

Aber bei *Billions* geht es ja nicht um windige Transaktionen, die Serie lebt von skrupellosen Hedgefonds-Managern, besessenen Staatsanwälten und einer wunderbaren Ansammlung von wirklich durchgeknallten Charakteren, die die Autoren sich garantiert nicht in nüchternem Zustand ausgegaukelt haben.

Wer an Hardcore-Finanzgeschäften Gefallen findet und obendrein zwei absoluten Alphatieren bei der Jagd zuschauen möchte, sollte so schnell wie möglich ein, zwei Wochen Lebenszeit für *Billions* frei räumen.

VON MACHT UND KORRUPTION

Macht und Korruption sind auch bei *House of Cards* allgegenwärtig, und wer nur eine Folge der Serie gesehen hat, weiß, dass ich hier maßlos untertreibe. Ich gebe zu, dass ich mir viele deutsche Politiker nicht an der heimischen Rudermaschine vorstellen kann, während sie Pläne schmieden, um die Gegner abzuzocken, aber wer weiß?

Im Mittelpunkt der gefeierten Serie steht der republikanische Politiker Francis Underwood, gespielt von Kevin Spacey, der nun wirklich mit allen Mitteln an seiner Karriere schraubt und Schritt für Schritt seinem großen Ziel, Präsident der Vereinigten Staaten zu werden, näher kommt. Francis, genannt Frank, ist besessen von Macht, geht über Leichen und wird dabei tatkräftig von seiner Frau Claire nicht nur unterstützt, sondern oftmals inspiriert. Gespielt wird sie von Robin Wright, einer tollen Schauspielerin – die war die Jenny in *Forrest Gump,* das ist inzwischen auch schon ein paar Jahre her, aber das Blumenmädchen von Forrest Gump, das ihm immer zur Seite steht, seine große Liebe, kennt irgendwie jeder.

Unglaublich, wie Francis und Claire Underwood, trotz kleinerer Rückschläge unaufhaltsam, als Team hier Pläne schmieden, die Menschen manipulieren – und dabei schrecken sie auch vor Mord nicht zurück.

Ich glaube, die Welt der Politik ist doch ein wenig komplexer, als wir es uns vorstellen können. Ganz sicher wird in *House of Cards* die Sache ein wenig auf die Spitze getrieben, aber, Trump sei Dank, gibt es wohl keinen Menschen mehr auf der Welt, der solche Machenschaften in der Politik kategorisch ausschließen würde.

Meine kleinen Einblicke hinter die Kulissen der Politik beschränken sich leider auf kurze Momente mit den führenden Köpfen unseres Landes. Und egal ob Merkel, Westerwelle oder Genscher – sie alle kommen, wen wundert es, niemals allein zu einer TV-Sendung. Neben einer nicht zu unterschätzenden Phalanx aus Personenschützern, die sich doch relativ schnell in Garderobe, Küche, Regie und Studio wie zu Hause fühlen, gibt es auch immer zwei bis drei Anzugträger, die ständig um sie herumwuseln. Ganz wichtig nehmen sie immer mal wieder mit der Chefin / dem Chef kurz Kontakt auf, als wäre ihnen spontan noch was ganz Wichtiges und unaufschiebbar Aktuelles eingefallen. Ein irgendwie erinnernswertes Gespräch unter vier Augen zwischen einem der hohen Tiere und mir ist dabei nur selten herausgekommen.

Den Besuch vom leider inzwischen verstorbenen Guido Westerwelle habe ich allerdings in besonderer Erinnerung. Unfassbar, wie lange das her ist. Damals trat Guido Westerwelle bei *Big Brother* auf und hatte sogar die Idee, für eine Stunde zu unseren Bewohnern in den Container zu gehen. Dabei spielte eine Rolle, dass Anfang der 2000er-Jahre noch nicht die Zeit für Outings war und auch Guido Westerwelle seine Liebe zu einem Mann gerne für sich behielt – ein brisanter Fakt, da er ja in einer Livesendung als Überraschungsgast auf Tuchfühlung zu unseren zehn Kandidaten gehen wollte. Und die vorausgegangenen Sendungen hatten bewiesen, dass niemand absehen konnte, was im Container passierte. Eigentlich war es ein offenes Geheimnis, dass Westerwelle mit einem Mann zusammenlebte, aber letztendlich war es seine Entscheidung, ob und in welcher Form er darüber sprechen wollte – oder eben auch nicht.

Probleme wie dieses sind uns Moderierenden heute sehr bewusst, aber wie würden unsere Kandidaten reagieren? Würde da vielleicht gleich einer aufstehen und ihn herausfordern: Sag mal, Guido, bist du nicht eigentlich schwul?

Da die Zeiten damals echt noch anders waren, standen diese Überlegungen ganz klar im Raum. Ich persönlich glaube noch heute, dass Guido Westerwelle auf so etwas vorbereitet war, und er hatte für sich die Dinge durchgespielt und war fein damit. Doch um wirklich sicher zu sein, dass jeder hier wusste, was passieren konnte, war es mir wichtig, das Thema mit ihm vorher zu besprechen.

Politiker können tagelang über ein Thema reden, ohne es zu benennen, eine Eigenschaft, die mitunter echt anstrengend ist – und absolut nicht meine Kernkompetenz. Guido Westerwelle verstand, was ich ihm sagen wollte, er war unfassbar höflich und gab mir das Gefühl, sich über meine Geste sehr zu freuen, gleichzeitig nahm er mir die Angst, dass uns der Abend irgendwie entgleiten könnte. Er blieb einfach in hohem Maße souverän, kontrolliert und gab mir zu verstehen, dass er mit allem, was da im Container passieren sollte, einverstanden sein könnte.

Ich schickte ihn also, als der Zeitpunkt gekommen war, zu unseren Kandidaten in den Container und verfolgte wie die Zuschauer gespannt die Geschehnisse über die Kameras. Wenn ich jetzt schreibe, dass an diesem Abend alles gut gegangen ist, wäre es nicht die Wahrheit, denn das Thema Homosexualität wurde gar nicht angesprochen. Mit dem Wissen unseres Vorgespräches wäre der Abend aber gelungen gewesen, hätte Guido Westerwelle davon berichten können, wie glücklich er mit einem Mann zusammenlebt – aber sollte wohl nicht sein.

Nach der Sendung trafen wir uns kurz, er bot mir das Du an, und wir tauschten Kontakte aus.

Als ich ihn später während meiner Talkshow-Zeit bat, zum Thema »Sozialschmarotzer – Ich verarsche den Staat« zu mir in die Sendung zu kommen, war er tatsächlich zwei Tage später da und sorgte dafür, dass Kevin aus Cottbus (der Name Kevin ist jetzt mal ein Platzhalter für einen Gast – mein Namensgedächtnis lässt nach ...) schlecht wurde, als nach seinem wohldurchdachten Statement, der Staat kriege seine Verarsche gar nicht mit, ausgerechnet Guido Westerwelle neben ihm Platz nahm. Dass Kevin regelmäßig finanzielle Unterstützung vom Staat kassierte, ohne berechtigt zu sein, kam bei Guido Westerwelle so mittelgut an. Klar war Kevin nicht die hellste Kerze auf der Torte, aber dass die Einschläge dichter kamen, wurde ihm schon nach wenigen Sekunden bewusst. Westerwelle blieb sachlich und erklärte ihm, in einfachen Worten, was sein Verhalten für Folgen für die Gesellschaft und vor allem auch für ihn selbst haben kann. Kevin verstand und schwor Besserung – zumindest in einem lichten Moment.

Bestimmt würde jeder unterschreiben, dass Politiker hin und wieder zumindest in die Versuchung kommen, eine Grauzone zu betreten. Gleichzeitig hoffen wir alle, dass die Verhältnisse zumindest bei uns in Deutschland nicht so sind wie bei *House of Cards*.

Diese sehr aufwendig und wertig produzierte Serie fand dann leider ein ungutes Ende. In der letzten Staffel wurde komplett auf Kevin Spacey als Darsteller verzichtet, der zuvor lange für diese Rolle gefeiert worden war. Sie war ihm wie auf den Leib geschrieben: Keiner sonst grinst so überheblich und verachtend, und auch kein anderer würde den Blick direkt in die Kamera richten und den Zuschauer auffordern, nicht so blöd zu glotzen, davon bin ich überzeugt. Doch Spacey musste sich zunächst in der Öffentlichkeit und dann vor Gericht wegen sexueller Belästigungen verantworten – letztlich hatten die Verantwortlichen keine andere Wahl, als ihn rauszuschreiben aus der Serie – was dazu führte, dass die letzte Staffel in meinen Augen echt eine Katastrophe ist. Doch dafür sind die fünf Staffeln vorher umso sehenswerter.

ÜBERLEBEN UNTER POLITIKERN

Gleiches Haus, anderer Bewohner: Natürlich musste ich irgendwie mehr Stoff aus dem amerikanischen Politikermilieu bekommen, denn ich war nach *House of Cards* angefixt. Mein neues Suchtmittel war dann: *Designated Survivor.*

Kiefer Sutherland wurde innerhalb der Operation »Ich rette die Welt« zum »unzerstörbaren« Jack Bauer befördert. Ja, genau, in *24* war das. Und nun ist er von einer Sekunde zur anderen der Oberbefehlshaber der größten Streitmacht der Welt: Er ist Präsident der Vereinigten Staaten und steht – ganz im Gegensatz zu Francis Underwood – für Ehrlichkeit, Vertrauen und Transparenz.

Dabei ist Tom Kirkman (genauer gesagt Thomas Adam Kirkman) zu Beginn der Serie ein ganz normales Kabinettsmitglied, zuständig für Wohnungsbau und Stadtplanung, mit verschwindend kleiner Relevanz. Er hat keinen Einfluss, wenig Unterstützung und letztendlich auch wenig Verantwortung, kurzum: Er ist einer der Letzten in der Nahrungskette der Washingtoner Politik. Einmal im Jahr treffen sich alle hochrangigen Politiker des Landes, darunter auch der Präsident, im Kapitol zur Ansprache zur Lage der Nation. Um für den höchst unwahrscheinlichen Fall eines kompletten Ausfalles aller Politiker gerüstet und damit handlungsfähig zu bleiben, nehmen regelmäßig zwei Politiker der beiden Parteien, Republikaner und Demokraten, nicht an der Sitzung im Kapitol teil. Sie werden als *Designated Survivor* bezeichnet, sind also die (vor)bestimmten Überlebenden.

Während der Sitzung sitzt Kirkman also in einem Büro und verfolgt die Übertragung der Debatte im Fernsehen, als plötzlich die Übertragung abbricht. Kirkman sieht beim Blick aus dem Fenster Rauchschwaden über dem Kapitol, und schon stürmt der Secret Service in sein Büro, um ihn mitzunehmen.

Er wird ins Weiße Haus eskortiert und versucht parallel, seine Familie zu kontaktieren, während ein Mitarbeiter des Secret Service ihm erklärt, was passiert ist – und was auf ihn zukommt. Minuten später wird er vereidigt, der amtierende Präsident der Vereinigten Staaten in Jeans und Hoodie, ohne die Spur von einem Hauch einer Idee, geschweige denn einem Plan.

Das Gedankenspiel, was wäre eigentlich, wenn jetzt etwas passieren würde, kennt bestimmt jeder von uns. Auch wenn ich da noch nicht gelebt habe, für mich bis heute unvergessen kam 1958 die halbe Fußballmannschaft von Manchester United bei einem Flugzeugunglück ums Leben. Einige Eltern betreten gar nicht erst gemeinsam ein Flugzeug, damit im Falle eines Absturzes wenigstens einer noch für die Kinder da ist.

Ich persönlich habe dafür Verständnis, halte es damit aber nicht ganz genau, sondern gehe immer vom Guten aus, ohne leichtsinnig zu werden. Würde ich sagen. Doch als sich vor ein paar Jahren alle Regierungschefs der Europäischen Union zusammen mit Angela Merkel in Berlin trafen, war ich zufällig im gleichen Hotel untergebracht wie die Delegationen. Klar, da schoss es mir durch den Kopf: Was wäre eigentlich, wenn hier jetzt etwas passiert und jedes einzelne Land in Europa wäre führungslos?

Das Hotel wirkte auf den ersten Blick wie immer, zwar standen mächtig viele schwarze Limousinen vor der Tür, aber das hatte ich schon öfter gesehen. In der Lobby war die

Grundstimmung schon angespannter, wo sich unzählige Sicherheitsmitarbeiter der einzelnen Länder gegenseitig tief in die Augen schauten. Da Sicherheitsleute in der Regel locker über einen Meter neunzig groß sind, so 'nen Knopf im Ohr haben und häufig mit sich selbst sprechen, sind sie ganz gut zu erkennen. Sonst muss man nur die richtigen Knöpfe drücken, und schwups werden sie sichtbar, ob man nun will oder nicht.

Ich war gerade in der Lobby angekommen und wollte auf direktem Wege zur Rezeption, als ich einen kleineren Tross von Menschen bemerkte, der sich von der anderen Seite des Ganges in meine Richtung in Bewegung setzte. Als wir etwa sechs bis sieben Meter voneinander entfernt waren, erkannte ich Angela Merkel, die mit ihrer Begleitung in Richtung Ausgang unterwegs war. Rechts und links von ihr waren Apollo und Zeus, wie ich sie bei mir nannte. Eine kleine Hommage an die beiden Dobermänner von Higgins aus der Serie *Magnum*. Da wir uns schon ein paarmal begegnet waren, kannten wir uns. Ich freute mich, sie zu sehen, und machte einfach die paar Schritte rüber auf ihre Seite des Ganges und steuerte die letzten etwa drei Meter direkt auf sie zu.

Als sie mich sah, begrüßten wir uns und wechselten ein paar Worte. Wir wünschten uns noch einen schönen Tag, und ich war gerade wieder auf meiner Seite des Ganges und hatte gerade drei Schritte getan, als eine Hand von hinten meine Schulter griff und mir unmissverständlich zu verstehen gab, doch noch kurz 'ne Sekunde zu warten.

Es war die eine Hälfte von Apollo und Zeus: »Geh nie wieder mit so strammen Schritten auf ein Staatsoberhaupt zu«, sagte er. »Ich kenne dich, deshalb war es okay.«

Ich vermisste angesichts des Befehlstons dann doch ein freundliches Lächeln, kapierte aber sofort, dass die Jungs in dem ganzen Durcheinander da in der Hotellobby mächtig unter Stress standen und auf so ’ne spontane Umarmung natürlich gar keinen Bock hatten.

Ich sagte sorry, und da war er, der Anflug eines kleinen Lächelns. Also dachte ich, es wäre der richtige Zeitpunkt für ’ne kleine Aufheiterung, und so fragte ich, ob ich mal kurz seine Waffe halten dürfe. Kam nicht so gut an, wie ich dachte, aber es gab zumindest keine weitere Ermahnung. Bin ich noch einmal davon gekommen …

Dass tatsächlich auf einen Schlag eine so große Menge von Politikern ausgelöscht wird, ist schwer vorstellbar und zum Glück ziemlich unrealistisch, denke ich auch jetzt noch, nach der Stürmung des Kapitols. Aber als Zuschauer von *Designated Survivor* lasse ich mich gerne darauf ein, zumal ich Tom Kirkman bei der Arbeit zuschauen kann, denn er verkörpert, was diese Serie ausmacht.

ALLES ANDERE ALS UNSCHULDIG

Kennen Sie eigentlich Ozark? Ich kannte diese Hochlandregion mitten in den USA nicht, zumindest nicht vor der Serie *Ozark*. Unglaublich viel Natur gibt es da, ideal zum Wandern und Campen, und das alles in gigantischen Ausmaßen an einem wunderschönen See gelegen. In dieses Idyll zieht der Finanzberater Marty Byrde mit seiner Familie nicht so ganz freiwillig, denn er muss sich und seine Familie vor der Rache eines Drogenbarons in Sicherheit bringen, bei dem er ein wenig in Ungnade gefallen ist.

Die Byrdes sind eine nette, sympathische Familie, bestehend aus Martys Frau Wendy und den beiden Kindern Charlotte und Jonah, die sich alle von einem Tag auf den anderen in einer komplett neuen Lebenslage befinden, zwar in einer wunderschönen Umgebung, aber ständig mit der Angst im Nacken, entdeckt zu werden.

Natürlich ist so ein Drogenboss erstklassig vernetzt und macht die Byrdes ziemlich schnell ausfindig. Um sein Leben und das seiner Familie zu schützen, geht Marty auf einen Deal ein: Er muss 500 Millionen Dollar in fünf Jahren für ein mexikanisches Drogenkartell waschen. Klingt nach einem echt üblen Deal. Und hätte Marty irgendeine andere Option, wäre dies eine andere Serie.

Etwas überraschend befinden sie sich in Ozark auch gar nicht wie erwartet in einem Paradies, sondern in einer Hochburg des Drogenhandels und der Geldwäsche, was für die Byrdes die Sache nicht unbedingt leichter macht. Der Bau einer neuen Kirche, zum Zwecke der Geldwäsche, muss z. B. eingestellt werden, da der Pfarrer sich als Drogendealer entpuppt.

Kennen Sie das auch? Dass sich eine Region nach außen wie ein Urlaubsparadies gibt, aber eigentlich ganz anders tickt? Ich jedenfalls habe so eine Augenöffner-Erfahrung gemacht.

Die Insel, die ich vor einigen Jahren besuchte, war optisch ein echtes Paradies. Ich spreche von einer der karibischen Islas de la Bahia vor Honduras, umgeben von türkisfarbenem, klarem Wasser und ausgestattet mit endlosen weißen Stränden.

Ich war für eine TV-Produktion dort und nur etwa 14 Tage, aber ich wunderte mich jeden Tag ein bisschen mehr über die Abläufe und die Einrichtungen auf dieser Insel. Unser Produktionsbüro, in dem neben den Produzenten und Redakteuren auch unsere Technik wie Schnittplätze und Kameras untergebracht waren, befand sich in der örtlichen Bank, deren Belegschaft einfach ausquartiert worden war, wohin auch immer. Am ersten Tag machte ich meine Runde und erfuhr, dass das für die Verantwortlichen vor Ort überhaupt kein Problem sei, uns die Bank zu überlassen. Obendrein würden sie auch für die Sicherheit sorgen. Die Sicherheit, dachte ich noch. Auf einer Insel. Da kann man ja per se nicht weit fliehen.

Und da stand sie dann auch breitbeinig im Eingangsbereich, unsere personifizierte Sicherheit: zwei Jungs, keiner auch nur annähernd 20 Jahre alt, komplett ohne Bartwuchs, dafür jeder das Gewehr über der Schulter.

Beim Verlassen des Produktionsbüros musste ich zwangsläufig an den beiden Jungs vorbei, und jedes Mal hoffte ich, dass es tatsächlich nicht zu einer filmreif heiklen Situation kommen möge. Aber bestimmt tat ich den beiden unrecht, und sie waren top ausgebildet und fühlten sich mit ihrer Aufgabe in unserem Produktionsbüro maßlos unterfordert.

Die Antwort ereilte mich am nächsten Morgen beim Frühstück, wo mir ein Redakteur zwischen Obst und Cornflakes die Nachricht überbrachte, es werde etwas später losgehen. »Zwischenfall im Produktionsbüro.«

Ach, du Scheiße, dachte ich bei mir, wo ich mich doch kaum einen halben Tag zuvor insgeheim darüber lustig gemacht hatte, dass sie uns und das Material vor was auch immer beschützen sollten. »Was ist denn passiert?«, fragte ich.

Die Antwort war zum einen traurig, hatte aber – und das kann ich nicht leugnen – ganz klar auch seinen Unterhaltungswert: Einer der beiden Elitesoldaten vor unserem Produktionsbüro hatte sich aus Versehen mit seinem eigenen Gewehr den großen Onkel vom rechten Fuß abgeschossen.

Der Zwischenfall machte natürlich irrsinnig schnell die Runde, und auch mein einheimischer Fahrer lachte lauthals, als er es mir brühwarm erzählen wollte. Ich warf ein, dass das Ganze zwar irgendwie lustig sei, aber immerhin war ein junger Mann verletzt – und würde zeitlebens die Folgen davontragen. Prompt erwiderte der Fahrer, er lache ja auch nicht über den Zwischenfall, sondern über die Tatsache, dass überhaupt jemand meinte, das Büro bewachen zu müssen.

»Die Polizei scheint hier bei euch ja dann alles im Griff zu haben«, sagte ich.

»Welche Polizei?«, sagte er. »Hier gibt es keine Polizei, oder ist dir irgendwo welche aufgefallen?« Er grinste verschmitzt in den Rückspiegel.

Also doch eine Insel mit einem gar nicht paradiesischen Geheimnis, schlussfolgerte ich.

Marty Byrde musste das ja auch feststellen, dass seine lieben Nachbarn, die fleißig ihr Land beackerten, hauptsächlich Mohn zur Heroingewinnung anbauten.

Zugegeben, ich bin während meines Aufenthaltes auf der Paradiesinsel nicht mehr auf das Geheimnis gestoßen, aber allzu umtriebig können die dort auch gar nicht sein, wenn ich mir vorstelle, dass allein die Anreise unfassbar kompliziert ist. Von Deutschland aus musste ich allein fünfmal umsteigen! Und doch war da dieser Verdacht: Einmal pro Woche gibt es einen Direktflug aus Sizilien. Wer Böses dabei denkt …

Im Gegensatz zu mir, der ich nach 14 Tagen wieder den Abflug machen konnte, hat Familie Byrde keine Möglichkeit, Ozark schnell wieder zu verlassen. So schnell lassen sich 500 Millionen Dollar dann doch nicht waschen. Und im Laufe der Zeit durchschauen Martys Frau und auch die beiden Kinder, warum sie sind, wo sie sind, und versuchen im Rahmen ihrer Möglichkeiten zu helfen. Schließlich entpuppt sich der jüngste Spross der Familie, Jonah, als wahres Finanzgenie, aber ich habe ja versprochen, hier nicht zu spoilern. Aber wenn Sie mit Druck nicht gut umgehen können – oder zumindest in der Freizeit davon verschont bleiben wollen, sollten Sie hier nicht einschalten. Denn Druck haben die Byrdes definitiv mehr als genug.

UNBLUTIG, ABER GAR NICHT BLUTLEER

Wenn Ihnen mal nach einer komplett gewalt- und blutfreien Serie sein sollte – dafür soll es ja tatsächlich auch einen Markt geben –, habe ich eine wirklich richtig gute Empfehlung. Mir hat das entgegen aller Erwartungen nämlich auch Spaß gemacht. Ich spreche von der US-amerikanischen Fernsehserie *White Collar*. Die Serie handelt von dem durchaus überdurchschnittlich talentierten Dieb und Kunstfälscher Neal Caffrey, der nach dem einen oder anderen Zwischenfall gezwungen ist, mit der Polizei als Berater zusammenzuarbeiten, um einer längeren Haftstrafe zu entgehen. Sein Partner ist Special Agent Peter Burke, der ihm lange auf den Fersen war.

Ausgestattet mit einer Fußfessel, die sein Handeln auf einen Radius von drei Kilometern rund um seine Wohnung beschränkt, hilft Neal nunmehr Peter bei der Aufklärung von Diebstählen.

Während Neal ziemlich smart ist, gut aussieht und richtig was auf dem Kasten hat, wirkt Peter Burke doch etwas hölzern und sperrig. Wenn es nach ihm ginge, dann nur nach Vorschrift. Trotzdem kommt es, wie es kommen muss, und die beiden werden nicht nur warm miteinander, sondern richtig enge Freunde.

Neal hat aus der Vergangenheit noch einige Altlasten im Gepäck. Zum einen verfolgt ihn das ungeklärte Schicksal seiner Freundin, die unauffindbar zu sein scheint, und sein guter alter Komplize Mozzie, der Neal ständig zur Flucht überreden will und ganz nebenbei ein kleines Ding am Laufen hat – das ist ein Hammer, wie seine Figur geschrieben ist, und die Rolle ist erstklassig besetzt. Mozzie wird von Willie Garson gespielt, den ich schon von *Sex and the City* kenne, wo er Carries besten Freund Stanford spielt, das ist der mit dem roten Prada-Hemd, vielleicht erinnern auch Sie sich. Allein wie er spielt, ist das Sehen dieser Serie wert.

Mozzie ist ein echtes Genie mit einem Hang zur Paranoia, gepaart mit einer ausgeprägten Abneigung gegen die Polizei, die er auch gerne offen zeigt. So nennt er Peter zum Beispiel sechs Staffeln lang konsequent Schnüffler und dessen Frau – die er insgeheim einfach wunderbar findet – Schnüfflerfrau.

Was Spaß macht, ist, dass man ganz nebenbei etwas über Kunst(diebstahl) lernt, da Hauptfigur Neal ja ein erstklassiger Kunstfälscher ist. Ich weiß, ich weiß, Wissen über Kunst ist jetzt nicht das Suchtmittel, mit dem man jemanden für eine Serie anfixt, aber bei kaum einer anderen Sache kann man, was den Preis angeht, so schön danebenliegen.

Ich habe mal eine Sendung moderiert, die sich genau damit beschäftigte, nämlich mit dem Schätzen von Kunstgegenständen. Obwohl ich echt wenig Ahnung von Kunst habe, hat die Moderation der Sendung super Spaß gemacht, was zum einen auch an meinem Kunstexperten Mauro lag, aber auch daran, dass ich bei jeder Runde selbst mitgeraten habe und fast jedes Mal danebenlag. Mauro ist sozusagen mein Mozzie in der Sendung gewesen, er wusste alles über die Objekte, zumindest hatte er sich alles auf einem Zettel notiert und konnte zu jedem Objekt gleich eine Geschichte über Herkunft, Material oder Vorbesitzer zum Besten geben. Das half natürlich ein wenig, aber am Ende stand man trotz aller Informationen ratlos da und war nicht in der Lage zu sagen, was der jeweilige Gegenstand wert ist.

Als Kunstexperten macht Neal und Mozzie in der Serie jedenfalls keiner was vor. Kunstfälscher müssen ja genau wissen, was sie tun. Und das Thema Kunst durch ihre Augen anzugehen, das hat eine Menge Charme.

Wenn Sie sich auf *White Collar* einlassen, müssen Sie mir bitte versprechen, alle Staffeln zu gucken, denn gerade zum Ende hin wird es unfassbar spannend und auch ein wenig sentimental. Wie gesagt: Das ist nichts aus der Baller-baller-Blut-spritzt-oder-ich–kann-jetzt-nicht-schlafen-Abteilung, aber doch etwas Besonderes, aus dem man mit einem kleinen, verschmitzten Lächeln wieder auftaucht.

SCHULDIG ODER NICHT SCHULDIG, DAS IST HIER DIE FRAGE

Stellen Sie sich bitte vor, es gäbe eine Maschine, die alle Überwachungsdaten aus Verkehrskameras, Handyprotokollen und Gesprächen sammelt, auswertet und so mögliche geplante terroristische Anschläge vorhersehen kann. Den Aufschrei, den es zumindest bei uns in Deutschland vom Datenschutzbeauftragten geben würde, könnte man wahrscheinlich bis zum südlichsten Punkt in Südafrika hören. So eine Maschine gibt es aber – zumindest in der Serie *Person of Interest*.

Im Zuge der Aufarbeitung der Geschehnisse des 11. September hat der Computerprogrammierer Harald Finch diese Maschine entwickelt und vor allem auch ihre Software programmiert. Während die US-Regierung sich nur für potenzielle terroristische Anschläge interessiert, hat Finch noch eine kleine Besonderheit in die Maschine eingebaut: eine Hintertür in der Software, die er gemeinsam mit dem ehemaligen CIA-Agenten John Reese, für sich nutzt. Denn die Maschine wurde so programmiert, dass sie auch anhand der Daten Personen errechnet, in deren Umfeld es zu Straftaten kommen wird. Finch wird dann eine Sozialversicherungsnummer überspielt, mit der er die betroffene Person identifizieren kann – und dann wird gehandelt.

So weit, so gut: Der einzige Haken dabei ist, dass die Maschine leider nur die Person benennt, in deren Umfeld es zur Straftat kommen wird, aber nicht abbildet, ob es sich bei der

Person um das Opfer oder den Täter handelt – was die Sache natürlich hochbrisant macht.

Finch beauftragt Reese, im Einzelfall zu ermitteln, ob Opfer oder Täter benannt sind – und zu erreichen, dass es eben nicht zu dieser Straftat kommt.

Das Team spielt sich immer mehr ein, wird immer besser und vergrößert sich dann noch im weiteren Verlauf der Serie um zwei New Yorker Detectives, die dann doch eher nicht ganz freiwillig da hineingeraten. Doch sie wachsen an ihrer Aufgabe, und irgendwann sind sie mit vollem Einsatz bei der Sache.

Im Mittelpunkt stehen natürlich die Personen hinter den immer neuen Sozialversicherungsnummern, die die Maschine ausspuckt, aber auch die unterschiedlichen Geschichten aus der Vergangenheit, die Finch und Reese im Gepäck haben, liefern großartige Spannungsbogen.

Reese zum Beispiel war bei vielen Auslandseinsätzen, so auch in den Niederlanden, wo er Zeit verbrachte und natürlich auch die Sprache lernte, was ihm im Verlauf der Serie eine große Hilfe ist.

Als Reese und Finch sich einer ziemlich üblen Truppe, begleitet von einem belgischen Schäferhund, gegenübersehen, lernen sie – natürlich wissen sie das zu dem Zeitpunkt noch nicht – ein weiteres Mitglied ihres Teams kennen: Der Schäferhund gehorcht den Übeltätern nicht und ist dadurch eher eine Lachnummer. Reese aber kennt diese Art von Hund, er weiß von der militärischen Ausbildung und kennt die Kommandos in der richtigen Sprache – auf Holländisch. Eine großartige Szene, aber bei Weitem nicht die erste, bei der es mich so richtig gepackt hat. Von dem Tag an hört der belgische Schäferhund auf den Namen Bear, weil er Inhaberschuldverschreibungen (englisch »bearer bond«) im Wert von mehreren Millionen Dollar gefressen hat.

Diese Art von ungezügeltem Fresszwang kannte ich eigentlich nicht von Schäferhunden, aber umso mehr von Labradoren. Zwölf Jahre lang hatte ich Paul, einen übergewichtigen Labrador. Er war ein superbequemer Typ, tiefenentspannt, aber ohne jegliches Sättigungsgefühl. Mein Hund hat alles gefressen, was der Spaziergang die Straße entlang hergab, in der Wohnung erreichbar war oder was er durch tieftraurige Blicke bei den Kindern erbetteln konnte. Waren diese Quellen komplett erschöpft, hat Paul die Messlatte einfach etwas tiefer gelegt – und schon waren auch Plastiktüten, Joghurtbecher, Stöcke und Plastikspielzeug an der Reihe. Dabei hat er nicht ein einziges Mal Probleme mit dem Magen gehabt, na ja, doch einmal, als ich mich gezwungen sah, ein anderes Hunde-Dosenfutter zu kaufen, war die Futterumstellung einfach zu viel für ihn und seinen auf einmal hochsensiblen Magen.

Für die Serie ist Bear natürlich eine echte Bereicherung, er eröffnet tolle Nebenschauplätze mit großem Unterhaltungswert. Wenn Sie wie ich eher Serien mögen, bei denen sich alles im Bereich des naturwissenschaftlich Erklärbaren abspielt, sich keine Aliens herumtreiben und alles irgendwie realistisch bleibt, dann ist *Person of Interest* ganz klar grenzwertig. Hat man sich aber einmal an die Abläufe der Maschine gewöhnt und akzeptiert das Ermitteln der Sozialversicherungsnummern, gibt es keinen Grund, warum einen die Serie nicht sofort einfangen sollte. Die Folgen sind unglaublich kurzweilig, weil sich aktuelle Fälle mit übergreifenden Handlungssträngen in keiner festen Reihenfolge abwechseln. Zugegeben: *Person of Interest* stand erst lange bei mir im Regal, aber ich habe nicht eine Minute bereut, doch mal reingeschaut zu haben. Ich war echt enttäuscht, als Finch nach fünf Staffeln seine Maschine abstellt.

SERIENLIEBE

Am liebsten schaue ich ja das, was ich empfohlen bekommen habe. Und ich weiß genau einzuschätzen, wer in meinem Freundeskreis mir welche Serien empfiehlt, wer eher etwas vorschlägt, bei dem ich nicht mal den Vorspann überstehe – und was dann doch im Regal stehen bleibt. Einzige Ausnahme ist mein Freund Baschy, was aber wohl auch der Tatsache geschuldet ist, dass er einfach alles schaut, was jemals in den letzten 40 Jahren produziert wurde. Action, Science-Fiction, Krimi, Comedy oder auch Doku – Baschy kennt alles, weiß alles über die Darsteller und kennt die Schauspieler und Darstellerinnen in jedweden vorherigen Rollen. Baschy ist so eine Art Serien-Labrador, ohne jedes Sättigungsgefühl und ausgestattet mit einem durchgehenden Verlangen nach Nachschub.

Nur damit hier kein falsches Bild entsteht: Baschy lebt nicht im ersten Stock bei seinen Eltern, und für ihn hat man auch nicht das Wort Nerd erfunden, nein, Baschy hat einfach nur richtig Bock auf alles, was man Streamen kann.

Solange der durchaus attraktive Kerl seine Freizeit nicht mit einer aktuellen Freundin gemeinsam verplanen muss, genieße ich seine exklusiven Tipps und freue mich schon auf die nächsten Screenshots von Serien, die er mir aufs Handy spielt. Nachschub ist so immer in Sicht. Schließlich hat sich das Sehverhalten in den letzten 20 Jahren komplett runderneuert. Serien dominieren den Markt, und wenn Sie mich fragen, werden sie das in den nächsten Jahren eher mehr, denn weniger tun, wenn weitere Big Player auf den Streaming-Markt drängen.

Für mich persönlich, Sie ahnen es wahrscheinlich, stellt diese Entwicklung kein Problem dar. Im Gegenteil: Ich bin total happy, dass Serien in einem so großen Maße und in einer so fantastischen Qualität zur Verfügung stehen, und freue mich auf weitere lange Nächte vor der Glotze, wenn es trotz Müdigkeit und Erschöpfung heißt: »Komm, eine schaffen wir noch.«

Besuchen Sie uns im Internet:
www.knaur.de

Aus Verantwortung für die Umwelt hat sich die Verlagsgruppe Droemer Knaur zu einer nachhaltigen Buchproduktion verpflichtet. Der bewusste Umgang mit unseren Ressourcen, der Schutz unseres Klimas und der Natur gehören zu unseren obersten Unternehmenszielen. Gemeinsam mit unseren Partnern und Lieferanten setzen wir uns für eine klimaneutrale Buchproduktion ein, die den Erwerb von Klimazertifikaten zur Kompensation des CO_2-Ausstoßes einschließt. Weitere Informationen finden Sie unter: www.klimaneutralerverlag.de

FSC www.fsc.org MIX Papier aus verantwortungsvollen Quellen FSC® C083411

Originalausgabe Oktober 2021
Knaur Taschenbuch

Ein Imprint der Verlagsgruppe
Droemer Knaur GmbH & Co. KG, München

Covergestaltung: Isabella Materne
Coverabbildung: Red Point
Satz: Daniela Schulz
Druck und Bindung: CPI books GmbH, Leck
ISBN 978-3-426-79139-4

2 4 5 3 1